JN452544

전시총괄
김재규 양주시립회암사지박물관 관장
김동규 양주시립회암사지박물관 팀장

전시기획
최석현 양주시립회암사지박물관 학예연구사
석영은 양주시립회암사지박물관 학예연구원

유물
김종임 양주시립회암사지박물관 학예연구사
류정민 양주시립회암사지박물관 학예연구원

교육
유민영 양주시립회암사지박물관 학예연구사
배진아 양주시립회암사지박물관 학예연구원

전시지원
김성수, 노성일, 남하임, 서종남 양주시립회암사지박물관

전시영상
박귀섭
신성환

사진촬영
주병수

전시시공
넥스디자인플래닝(주)

홍보물 제작
드림북

자료대여·협조·출처
국가기록원
국립중앙박물관

Special Thanks
경기아트센터 경기도무용단
정승남

일러두기

· 이 도록은 양주시립회암사지박물관이 기획한 '회암사지 그리고 양주' 특별전(2022.10.20.~2023.03.26.)의 전시도록이다.
· 도판설명은 유물명·크기·시대·설명의 순으로 표기하며, 한자는 한국식 한자 표기법을 따른다.
· 유물의 크기 단위는 cm이고, 높이·가로·세로 순으로 표기하되 유물 개수가 복수일 경우 가장 큰 개체의 크기를 대표로 표기한다.

· 본 도록의 모든 권리는 양주시립회암사지박물관에 있으며, 도록에 게재된 자료와 사진은 무단으로 사용할 수 없습니다.

Commemorative Exhibition
for the 10th Anniversary of Museum

Archaeological Site of
Hoeamsa Buddhist Temple
and Yangju

박물관 개관 10주년 기념 특별전시

회암사지

그리고

양주

목차
Contents

Hoeamsaji Museum
회암사지박물관
Hoeamsaji Museum

발간사 Foreword

양주는 600년이 넘는 유구한 역사와 풍부한 유·무형 문화재, 이를 기반으로 다양한 복합문화시설을 보유한 문화도시입니다. 그중 양주시를 대표하는 '양주 회암사지 유적'은 올해 7월 20일 '유네스코 세계유산 잠정목록'에 등재되는 큰 성과를 거두었는데, 그 배경에는 유적의 우수한 가치를 적극적으로 연구하고 알린 양주시립회암사지박물관의 노력이 있었습니다.

양주시립회암사지박물관은 올해로 개관 10주년을 맞이하였습니다. 박물관은 2012년 10월 19일 개관하여 양주 회암사지 유적뿐만 아니라 양주지역에서 출토된 다양한 유물의 수집·관리·연구를 통해 다채로운 전시와 교육프로그램 등을 선보였습니다. 지난 10년간 상설 및 특별전시를 개최하고 진행 함에 있어 많은 협조와 도움을 주신 여러 내·외 관계자분들과 관련 자료의 기증·대여 등 도움을 주신 개인 및 기관들에 감사드립니다. 무엇보다 박물관의 활동을 관심 있게 지켜봐 주시고 직접 방문하시어 관람해주신 관람객분들께 매우 감사드립니다.

올해는 박물관이 10돌을 맞이한 기념으로 <회암사지 그리고 양주> 특별전시를 마련하였습니다. 이번 전시를 통해 박물관의 지난 10년을 돌아봄과 동시에 앞으로의 여정에도 함께 해주시길 바랍니다. 앞으로도 박물관은 양주의 유일한 공립박물관으로서 지역의 역사·문화를 후손에게 전승하는 박물관의 소임을 다하고, 양질의 운영을 통해 시민분들에게 편안한 문화 향유 공간을 제공하겠습니다.

양주시장 **강 수 현**

Yangju is a culture-rich city with abundant tangible and intangible cultural properties, and various complex cultural facilities based on a long history of more than 600 years. Yangju Hoeamsa Temple Site Historic Site, which represents the cultural assets of Yangju City, was listed on the UNESCO World Heritage Provisional List on July 20 this year. To make it come true, there were the efforts of the Yangju Hoeamsa Temple Site Museum including active research and promotion of the excellent value of the site.

Yangju City Hoeamsa Temple Site Museum celebrates its 10th anniversary this year. The museum opened on October 19, 2012, and presented various exhibitions and educational programs through collection, management, and research on various artifacts excavated from the vicinity of Yangju as well as the remains of Hoeamsa Temple Site over the past 10 years. We should send many thanks to various internal and external people who have cooperated and helped in holding and conducting permanent and special exhibitions over a decade, and individuals and institutions who have helped donate and lend related materials. Above all, I would like to thank the visitors who have interests in the museum's activities and visited it in person. As the only public museum in Yangju, the museum will continue to fulfill its role that delivers local history and culture to future generations and provide citizens with a comfortable space for enjoying culture through user-oriented operation.

This year, the museum organized a special exhibition called 'Hoeamsa Temple Site and Yangju' to commemorate its 10th anniversary. This exhibition looks back on the past decade, and it also displays original versions of the treasures "Hoeamsa Yaksa Samjondo" and "Cheongdong Geumtak" again in their hometown Yangju after many years, which holds a very special meaning. Please visit us to witness the path for the last 10 years and the future path which the museum will take.

Mayor of Yangju City **Kang Soo-hyun**

전시개요 Introduction of the Exhibition

경기도 양주는 옛날부터 사람들이 모여 살며 역사의 다양한 순간을 그려낸 지역입니다. 격랑의 삼국시대, 그리고 한반도 중심부의 요충지로서 고려와 조선 시기를 거쳐오며 큰 고을로 성장한 양주는 일제강점기와 한국전쟁을 겪어내고 현재 경기 북부에서 단연 돋보이는 도시로 성장하고 있습니다. 이러한 양주의 역사와 문화 중에서도 "양주 회암사지 유적"은 고려에서 조선까지 우리나라를 대표하는 왕실 사찰이 있던 자리로 오랜 기간 발굴과 정비가 이루어졌으며, 매우 광활한 사역에서 수많은 유물이 출토되었습니다.

10년 전인 2012년 10월, 회암사지박물관이 양주시의 첫 공립박물관으로 개관하였습니다. 양주 회암사지에서 출토된 유물들로 가득 채운 회암사지박물관은 대가람 회암사의 문화유산적 가치를 오롯이 증명하기 위하여 10년간 다양한 연구와 전시, 교육을 운영하였고, 마침내 '유네스코 세계유산 잠정목록 등재'라는 결실을 거두게 되었습니다.

또한 회암사지박물관은 양주시의 유일한 공립박물관으로서 지역의 역사와 문화를 기억하고 후손에게 이어주는 박물관의 소임을 다하고자 노력하였습니다. 양주의 다양한 유·무형 문화를 시민과 함께 전시하고 교육하며 지역사에 대한 자긍심을 고취하였고, 더불어 양주지역에서 출토된 각종 유물도 박물관 수장고에 보관·관리하고 있습니다.

이번 전시는 지난 10년간 양주시립회암사지박물관이 걸어온 길을 소개하는 자리로 마련하였습니다. 양주 회암사지가 주목받기 시작하면서 시작된 박물관의 태동이 진한 울림의 "양주시립회암사지박물관"으로 거듭나기까지의 과정을 감상해주시고, 앞으로도 우리 박물관이 걸어갈 길을 함께 지켜봐 주시길 바랍니다.

Gyeonggi-do Yangju is an history-rich area where the residents depicted various moments of history. Yangju, which grew into a large village through the turbulent Three Kingdoms Period and the central part of the Korean Peninsula through the Goryeo and Joseon periods, is now a prominent city in northern Gyeonggi Province after Japanese colonial era and the Korean War. Among the historical spots and cultural assets of Yangju, "Yangju Hoeamsa Temple Site" was the site of a royal temple representing Korea from Goryeo to Joseon period. Numerous relics have been excavated and maintained for a long time from the large temple site.

Ten years ago, in October 2012, Hoeamsa Temple Site Museum opened as the first public museum in Yangju city. The Hoeamsa Temple Site Museum, filled with relics excavated from Hoeamsa Temple Site, operated various studies, exhibitions, and education for 10 years to prove the cultural heritage value of Daegaram(the Great Temple) Hoeamsa Temple, and finally achieved the result of "the registration as Temporary UNESCO World Heritage."

In addition, as the only public museum in Yangju City, Hoeamsa Temple Site Museum has tried to fulfill its role as a museum that remembers the history and culture of the region and connects it to future generations. Yangju's various tangible and intangible cultural assets are displayed and educated working together with its citizens so that it contributes to encouraging the pride in the local history. Various relics excavated from Yangju area are stored and managed in the museum storage.

This exhibition is designed to introduce the path that the Yangju City Hoeamsa Temple Site Museum has walked for the past 10 years. Please enjoy the process of the museum's birth, which began as the Hoeamsa Temple Site in Yangju and attract attention to "Yangju City Hoeamsa Temple Site Museum". We hope you continue to watch our museum's further steps.

양주시립회암사지박물관 개관 10주년 기념 특별영상

감각적인 시선의 작가 BAKi(박귀섭)가 양주 회암사지 유적 및 박물관을 무대로 한 경기도무용단(경기아트센터 전속)의 화려한 몸짓을 담아낸 영상이다.

혼魂 - 부서지고 사라져도 끊어지지 않는 것들

연출 | BAKi (박귀섭)
출연 | 경기도무용단 (Feat. 김민영, 조한민, 배호영)
제작 | 양주시립회암사지박물관

1부 대가람, 빛을 되찾다

Part I Daegaram(The Great Temple), Regain the Light

경기도 양주시에 있는 양주 회암사지 유적[면적 323,117㎡]은 고려시대에 창건되어 조선 중기까지 왕실과 밀접한 관계를 유지하였던 전국 최대 규모의 사찰 '회암사'가 있던 자리입니다. 1964년 6월 10일, 사적 제128호로 지정된 회암사지는 한동안 부분적인 정비로 상태를 유지하다가 1997년 시굴조사를 시작으로 2019년 13차 발굴조사까지 20년이 넘는 조사연구와 정비작업을 통해 현재의 모습을 선보이게 되었습니다.
그리고 그 과정에서 우리는 다양한 유구[遺構, 옛날 토목건축의 구조와 양식을 알 수 있는 실마리가 되는 자취]와 유물[遺物]의 발견, 그리고 문헌 기록을 토대로 한 연구를 통해 마침내 궁궐과도 흡사했던 옛 회암사의 실체를 그려낼 수 있게 되었습니다.

양주시에서는 회암사지 종합정비계획을 수립하고, 단계별 투자계획에 따라 토지매입, 발굴조사, 박물관 건립, 유적정비, 공원화 사업, 단지정비사업을 추진하였습니다.
회암사지 정비·발굴을 통해 수습된 유물들은 발굴지 바로 옆에 임시로 세운 '양주 회암사지 발굴자료관'에 잠시 보관하기도 하였는데, 이곳에서는 발굴조사에 대한 대외 안내뿐만 아니라 출토유물의 전시와 교육, 발굴체험을 운영하며 회암사지에 대한 존재감을 시민들에게 조금씩 심어주었습니다. 이후 지하 1층 지상 2층 규모의 회암사지박물관(2012년 개관, 1종 전문 박물관 등록)이 건립되었고, 출토유물들은 '출토유물 관리권 지정'에 따라 박물관에서 보관·관리하게 되었습니다.
기나긴 양주 역사의 한 획을 그은 대가람 회암사의 흔적이 마침내 일반 대중과 자유로이 만나 빛을 발할 수 있는 자리가 마련된 것입니다.

The Yangju Hoeamsa Temple, 323,117m^2 wide, in Yangju city Gyeonggi-do was built during the Goryeo Dynasty and maintained a close relationship with the royal family until the middle of the Joseon Dynasty. On June 10, 1964, Hoeamsa Temple Site, designated as Historic Site No. 128, remained as it was partially maintained for a while. The research and maintenance from the excavation survey for 19 years starting in 1997 to the 13th excavation survey in 2019 have made the current state of the site. Thanks to the process we're finally able to portray the old Hoeamsa Temple, which was constructed similar to the structure of a palace, with various relics, traces and artifacts that provide clues to the structure and style of the old civil architecture.

Yangju city established a comprehensive maintenance plan for Hoeamsa Temple Site, and promoted land purchase, excavation survey, museum construction, historical site maintenance, park maintenance, and complex maintenance projects according to the step-by-step investment plan. The relics recovered through the maintenance and excavation of Hoeamsa Temple Site were temporarily stored in the Yangju Hoeamsa Temple Site Excavation Museum, which provided a guide to the excavation, as well as exhibitions, education, and excavation experiences, and instilled the presence of Hoeamsa Temple Site. Since then, the Hoeamsa Temple Site Museum (opened in 2012 and registered as a first-class museum) with one basement floor and two ground floors was built, and the excavated artifacts were stored and managed in the museum under the "Designation of Excavation Relics Management Rights." This exhibition provides a place to meet with the general public and shine the traces of Daegaram Hoeamsa Temple which marked a long history of Yangju.

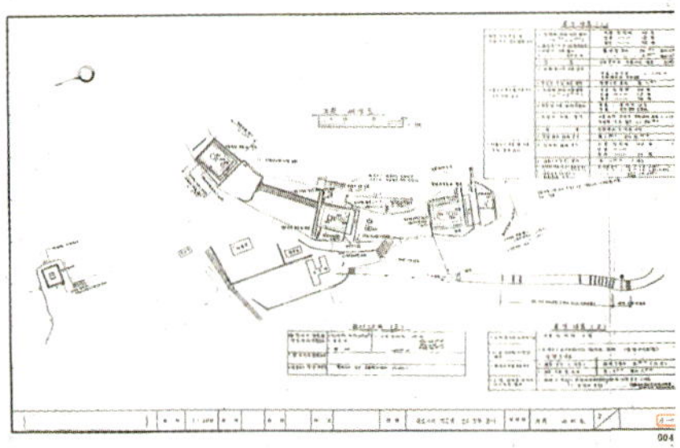

계획 배치도

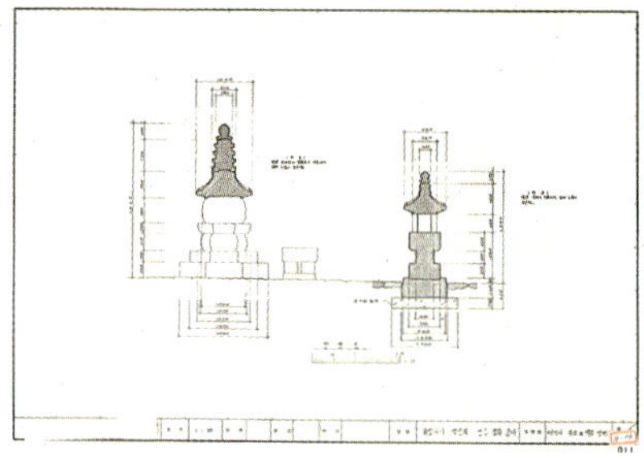

나옹선사 부도 및 석등 단면도

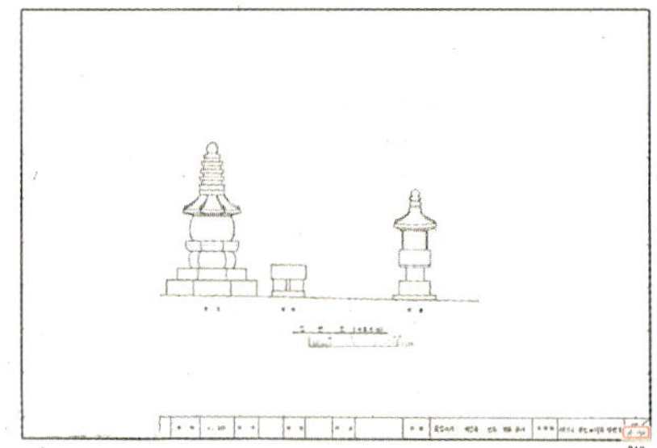

나옹선사 부도 및 석등 입면도

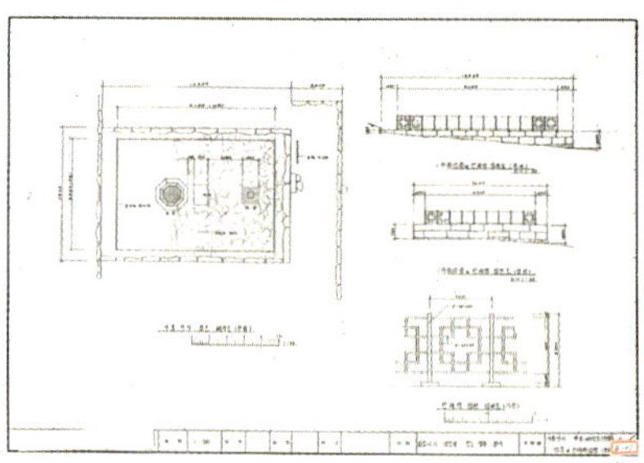

나옹선사 부도 배치도(현황), 석축 입면도

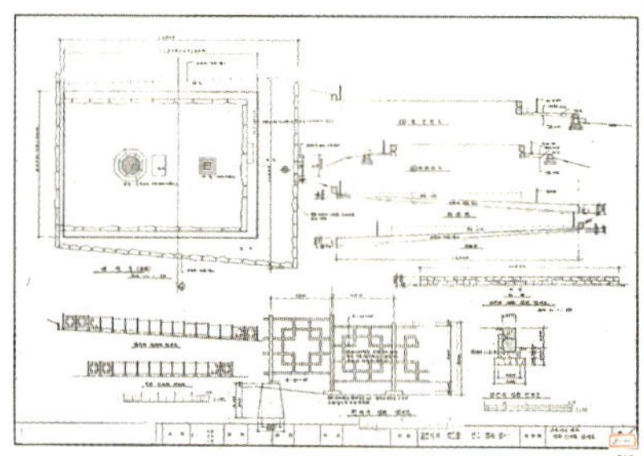

나옹선사 부도 석축, 인제책 상세도

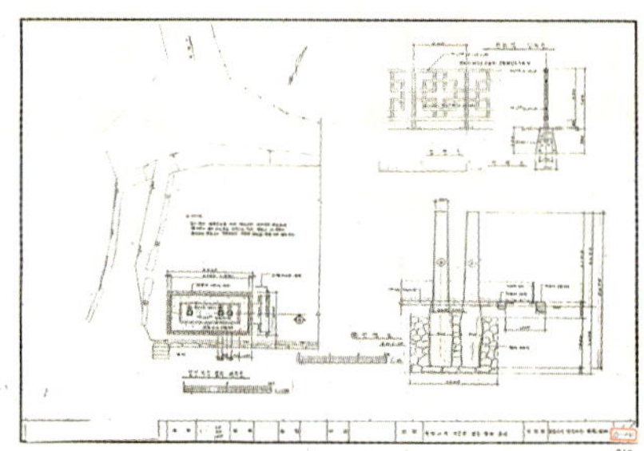

당간지주 복원 설계도

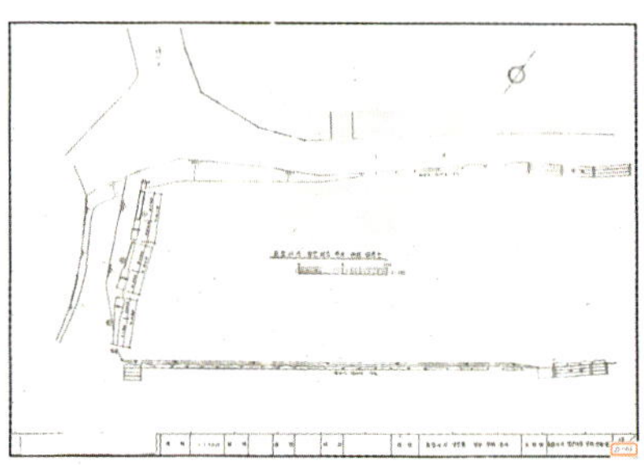

당간지주 주위 현황 실측도

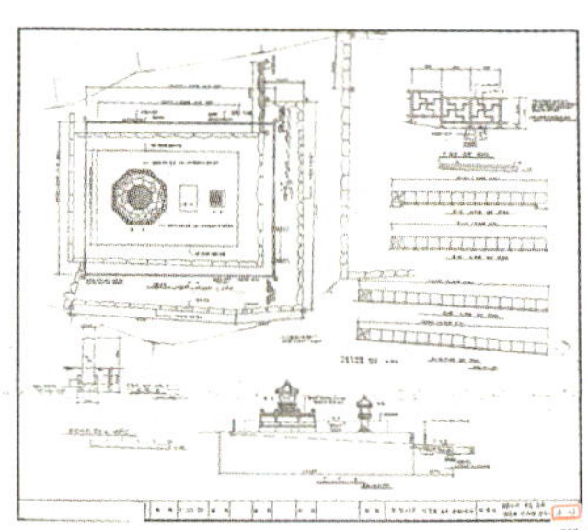

부도 평면 및 단면도

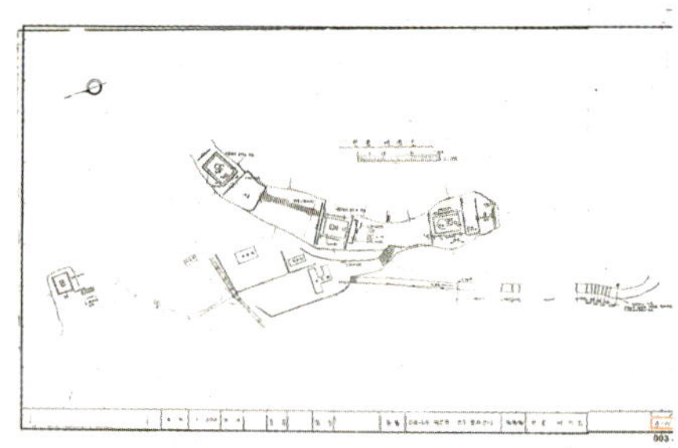

현황 배치도

1981년 양주 회암사지 석조물 보수공사 도면

본격적인 발굴정비사업 시작 이전 시기 양주 회암사지에서는 주로 잔존하는 석조물 보수작업 중심의 관리가 이루어졌다.

출처 | 국가기록원 자료제공

괘불대 Hanging Buddha
1단지 | 1954 촬영

001

태고사 원증국사탑에 새겨진 글씨 탑본太古寺圓證國師塔碑銘搨本

Rubbing of the Stele for Royal Master Won-jeung

가로 115.2 세로 223.5 | 일제강점기 | 국립중앙박물관

경기도 고양시 태고사太古寺, 고려시대 창건에 있는 원증국사 보우圓證國師 普愚, 1301-1382 탑비보물의 글씨를 남긴 자료이다. 내용 중 13세에 회암사에서 출가했다는 글이 새겨져 있는데, 이러한 기록들은 비록 짧지만, 옛 회암사의 역사에 한 걸음 더 다가갈 수 있는 소중한 디딤돌이다.

十三投**檜巖**廣智禪師出家

13세에 **회암사**굴에서 출가하여 광지선사를 스승으로 모셨다.

002

청동금탁青銅琴鐸

Bronze Bell with Inscriptions

높이 31.7 지름 30.7 | 1394 | 국립중앙박물관

청동금탁은 2000년 5월 출토되었는데, 회암사지에서 흔치 않은 청동 유물의 출토와 더불어 상당히 긴 명문이 새겨져 있어 주목받았다. 특히 "檜岩寺회암사"라고 새겨진 글자는 1997년 발굴 시작 이후 처음으로 '양주 회암사'의 존재를 세상에 공인한 것으로, 상부의 "朝鮮國王조선국왕" 등 왕실과의 직접 관계를 의미하는 내용과 함께 옛 회암사의 역사 고증에 매우 큰 의미를 지니고 있다.

003

청동금탁부속青銅琴鐸附屬

Attachment for Bronze Bell

길이 15.5 | 1394

청동금탁의 연결고리와 함께 출토된 부속구이다.

청동금탁

청동금탁은 조선왕실의 원찰이었던 회암사 터 보광전지 기단의 북동 모서리와 북동 모서리 외곽 1m 지점에서 각 한 점씩 모두 4점이 출토되었다. 출토 위치와 명문 내용으로 보아 건물 추녀 끝에 매달렸던 것으로 추정되며 경쇠의 한 종류로 풍령[風鈴], 풍탁[風鐸], 첨마[檐馬]라고도 한다.

금탁은 바람에 흔들려서 소리가 나는 몸체와 추녀에 매달게 하는 연결부로 이루어져 있다. 몸체의 상단에는 15자, 하단에는 134자의 명문이 기록되어 있다.

금탁의 명문으로 보아 왕사묘엄존자[王師妙嚴尊者, 무학대사], 조선국왕[朝鮮國王, 태조 이성계], 왕현비[王顯妃, 신덕왕후 강씨], 세자[世子, 이방석] 등 왕실 인물을 비롯하여 판내시부사 이득분과 5명의 인물이 후원하여 금탁을 제작하였음을 알 수 있다. 또 洪武二十七年[홍무이십칠년, 태조 3년]이 새겨져 있어 태조와 회암사의 인연을 알 수 있다.

王師妙嚴尊者 朝鮮國王 王顯妃 世子

왕사묘엄존자 조선국왕 왕현비 세자

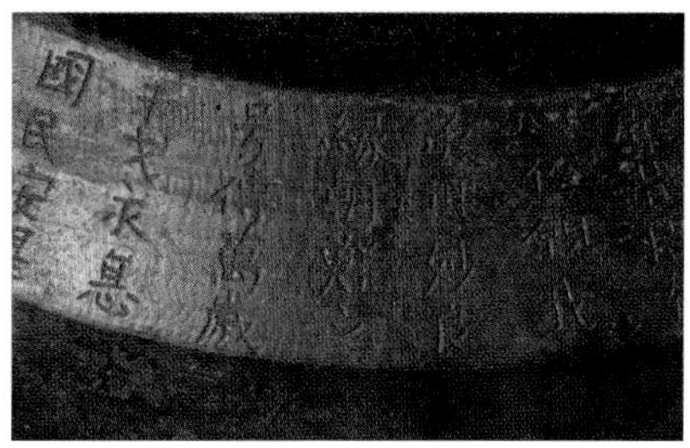

天寶山中檜岩寺 普光明殿四校角 金粧碧彩勝天宮
願懸琴鐸 供諸佛 亦使微塵諸衆生 聞聲皆悟本心佛
願我承此妙良緣 朝 鮮之号傳萬歲 干戈永息國民安 畢竟同緣歸覺際
洪武二十七 年甲戌六

천보산에 있는 회암사 보광전 네 모퉁이는 금벽으로 화려하게 꾸미어 천궁보다 훌륭하다.
금탁을 달아놓고 모든 부처님께 공양하기 바란다. 또한 작은 티끌 같은 중생들이 그 소리를 듣고
부처님의 본심을 깨닫게 하소서. 우리가 이 신묘하고 아름다운 연기緣起를 받들어
조선의 국호가 만세에 전해지도록 하소서. 전쟁干戈이 영원히 그쳐서 나라와 백성이
편안하고 마침내 같은 인연의 깨달음으로 돌아가게 하소서.
홍무 27년1394년 갑술 6월

公德主 嘉靖大夫判內侍府事李得芬施主 貞信宅主許妙淨
咸 陽郡夫人朴妙湛 寧順宅主朴氏 鉛□城翁主尹氏
檢校門下侍 中李崇 (하단)

공덕주 가정대부판내시부사 이득분 시주 정신택주 허묘정
함 양군부인 박묘담 영순택주 박씨 협□성옹주 윤씨
검교문하시 중이숭
※ □ : 해석불가

1-1 국가지정문화재 사적

문화재 지정제도는 보존 가치가 높은 문화재를 엄격한 규제를 통하여 항구적으로 보존하고자 하는 제도로, 국가지정문화재와 시·도지정문화재로 나누어집니다. 여기서 국가지정문화재는 국보·보물·사적·명승·천연기념물·국가무형문화재·국가민속문화재 등 7개 유형으로 구분되며, 문화재청장이 문화재보호법(제23~26조)에 따라 문화재위원회의 심의를 거쳐 지정하는 중요문화재입니다. 우리나라의 대표적 국가지정문화재 사적인 양주 회암사지 유적(1964년 6월 10일 지정)은 현재 양주시에 의해 보호·관리되고 있습니다.

지정문화재(①~③) 분류표

지정문화재										
① 국가지정문화재* (문화재청장 지정)							② 시·도지정문화재 (특별시장·광역시장 또는 도지사 지정)			
국보	보물	사적	명승	천연기념물	국가무형문화재	국가민속문화재	시도유형문화재	시도무형문화재	시도기념물	시도민속문화재

※ ③ 문화재 자료: 국가지정·시도지정문화재로 지정되지 아니한 문화재 중 시·도지사가 향토 문화 보전상 필요하다고 인정하는 것을 지정한 것.

*국가지정문화재 (「문화재보호법」 제23조~제26조)

- 국보(제23조): 보물에 해당하는 문화재 중 인류문화의 관점에서 볼 때 그 가치가 크고 유례가 드문 것을 문화재위원회의 심의를 거쳐 문화재청장이 지정한 것
- 보물(제23조): 건조물, 전적, 서적, 고문서, 회화, 조각, 공예품 등 유형의 문화적 소산으로서 역사적, 예술적 또는 학술 가치가 큰 것과 이에 따르는 고고자료 중 문화재위원회 심의를 거쳐 문화재청장이 지정한 중요한 것
- 사적(제25조): 절터, 옛 무덤, 조개무덤, 성터, 궁터, 가마터, 유물포함층 등의 유적지와 특별히 기념될 만한 시설물로서 역사적·학술적 가치가 큰 것
- 명승(제25조): 경치 좋은 곳으로서 예술적 가치가 크고 경관이 뛰어난 것
- 천연기념물(제25조): 동물(그 서식지, 번식지, 도래지를 포함한다), 식물(그 자생지를 포함한다), 지형, 지질, 광물, 동굴, 생물학적 생성물 또는 특별한 자연현상으로서 역사적· 경관적 또는 학술 가치가 큰 것
- 국가무형문화재(제24조): 「무형문화재 보전 및 진흥에 관한 법률」 제9조에 따라 여러 시대에 걸쳐 전승되어 온 무형의 문화적 유산 중 전통적 공연·예술/공예, 술 등에 관한 전통 기술/한의약, 농경·어로 등에 관한 전통 지식/구전전통 및 표현/의식주 등 전통적 생활관습/ 민간신앙 등 사회적 의식/전통적 놀이·축제 및 기예·무예
- 국가민속문화재(제26조): 한국 민족의 기본적 생활 문화의 특색을 나타내는 것으로서 전형적인 것 중 의·식·주에 관한 것, 생산·생업에 관한 것, 교통·운수·통신에 관한 것, 교역에 관한 것, 사회생활에 관한 것, 신앙에 관한 것, 민속 예능·오락·유희에 관한 것

출처 | 문화재청 홈페이지

문화재보호구역이란

국가지정문화재가 있는 일정한 지역에 대하여 정부가 이를 특별히 지정하여 보호·관리하는 구역입니다. 문화재청장은 국가지정문화재를 지정하고 문화재의 보호 상 특히 필요한 경우에는 이를 위한 보호물 또는 보호구역을 지정(문화재보호법 5~9조)할 수 있습니다. 문화재보호구역을 지정할 때는 그 취지를 관보官報에 고시하고 해당 지정문화재 또는 보호구역의 소유자·보유자·점유자·관리자에게 바로 통지하게 되어 있습니다. 또 국가·관리단체 또는 소유자 등에 의하여 특별히 보호·관리하게 되어 있으며, 소유자 등이 보호·관리하는 경우에는 문화재청장이 필요한 사항을 명령·지시할 수 있고 그 소유자는 해당 문화재를 선량한 관리자의 주의注意로써 보호·관리하도록 되어 있습니다.

양주 회암사지 문화재보호구역

양주 회암사지 유적(사적)의 문화재구역 면적은 33,391m^{2}이며, 고승들의 기념물을 포함한 문화재보호구역의 전체 면적은 323,117m^{2}에 달합니다. 이러한 범위에 대한 지정은 해당 문화재의 역사적·예술적·학문적·경관적 가치와 그 주변 환경 및 그 밖에 문화재 보호에 필요한 사항 등을 고려하여 그 외곽경계로부터 500m 안으로 합니다. 문화재로 지정된 외곽경계로부터 500m 이내에서 문화재 보존에 영향을 미칠 우려가 있는 시설물, 건축물 설치행위에 대하여는 사전에 문화재청의 허가를 받은 후 시행해야 합니다. 지정문화재의 외곽경계로부터 500m 밖에서 건설공사를 할 경우 해당 공사가 문화재에 영향을 미칠 것이 확실하다고 인정되면 500m를 초과하여 범위를 정할 수 있습니다.

양주 회암사지 유적楊州 檜巖寺址 遺跡

Archaeological Remains at the Hoeamsa Temple Site in Yangju City

- 지정현황: 국가 사적(지정일자: 1964.06.10.)
- 지정면적: 323,117m^2
  (①사적 33,391m^2, ②보호구역 289,726m^2)
- 위　　치: 경기도 양주시 회암동 산14-1번지 일원

1964년 6월 10일 사적 제128호로 지정되었고, 2021년 11월 19일 문화재청 고시告示에 의해 문화재 지정번호가 폐지되어 사적으로 재지정되었다.

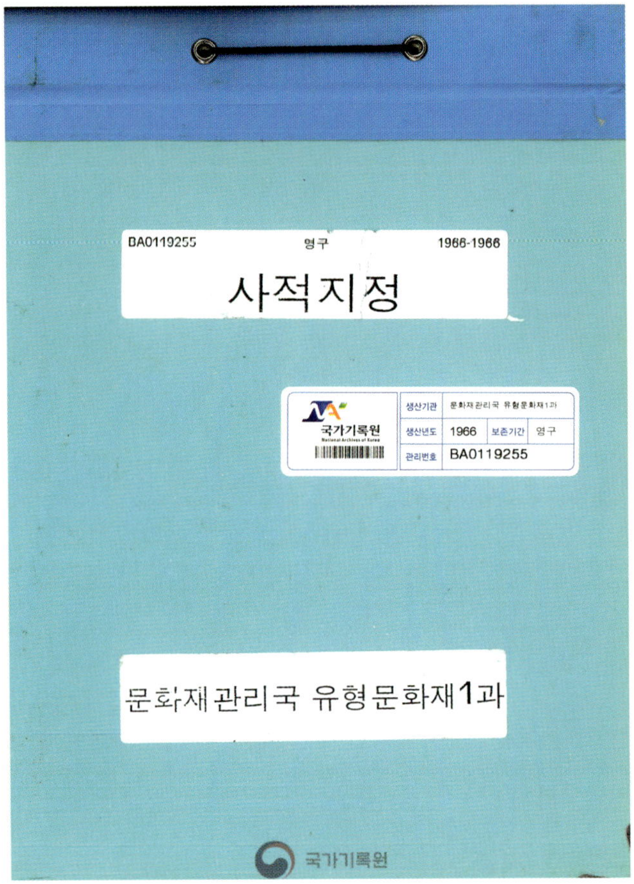

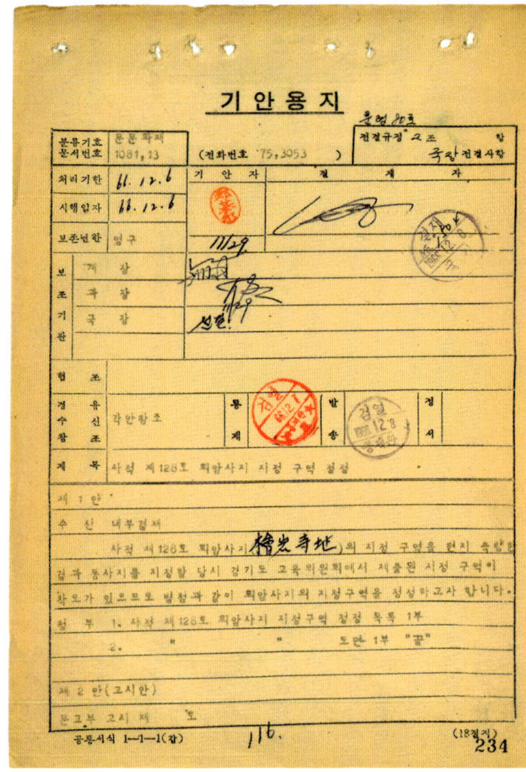
기안용지

사적 제128호 회암사지 지정 구역 정정

234

국가기록원

사적 제128호 회암사지 지정 구역 정정문서

Official document

문화재청 사적명승국 천연기념물과 생산 | 1966 | 국가기록원 자료제공

양주 회암사지의 사적 지정은 1964년에 이루어졌으며, 본 문서는 기존 사적 지정 당시 경기도 교육위원회에서 보고한 내용의 착오를 바로잡기 위해 정정하고자 통보한 공문 및 관련 별첨 자료이다. 이를 통해 당시 회암사지의 사적 지정은 경기도 교육위원회(현 경기도교육청)에 의해 신청되었음을 알 수 있다.

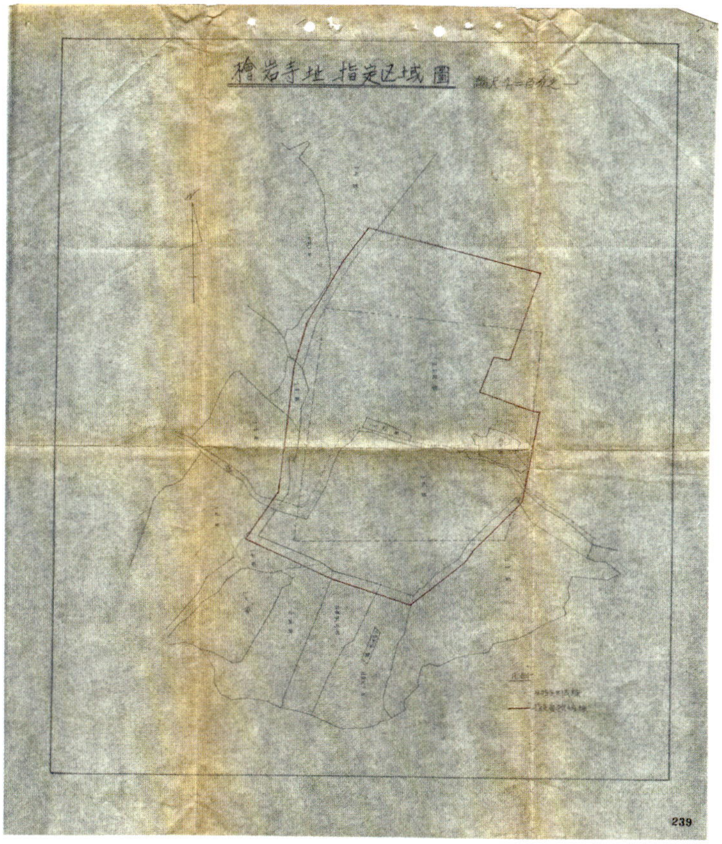

239

240

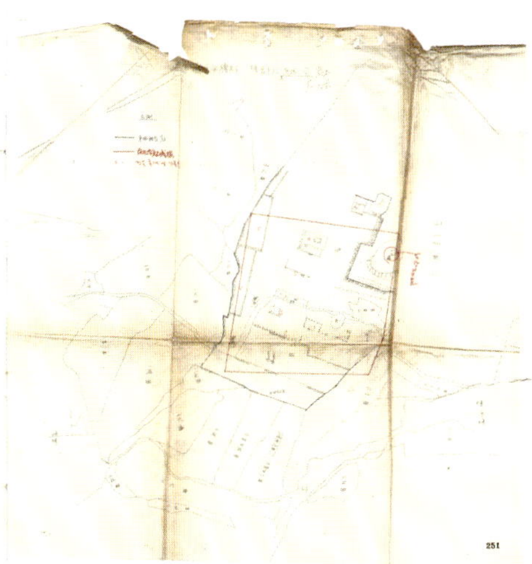

251

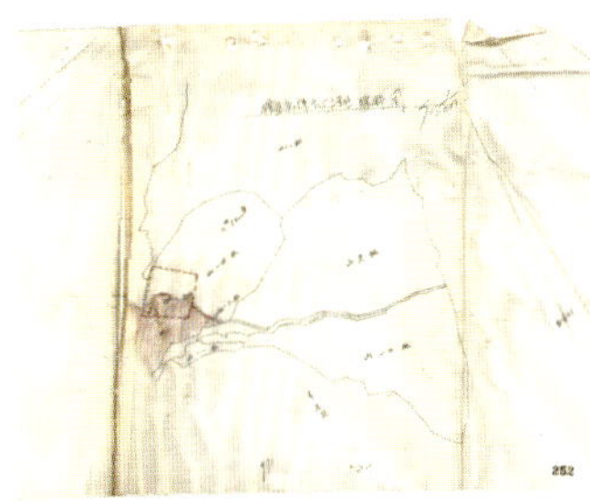

252

1-2 발굴과 정비

양주 회암사지 유적에서는 1997년의 시굴부터 2019년까지 13차에 걸쳐 발굴조사가 시행되었습니다. 발굴조사 결과 일반적인 사찰과는 다른 궁궐건축의 요소와 13~14세기 동아시아에서 유행했던 선종사원의 모습을 갖추고 있음이 확인되었습니다. 왕실에서만 제한적으로 사용되었던 청기와, 용두, 토수, 잡상 등 마루장식기와, 용·봉황무늬 막새기와, 왕실 관요에서 생산된 도자기 등 수십만 점의 유물이 출토되어 조선전기 최대의 왕실 사찰 및 대표적인 선종사원으로서의 위상과 면모를 확인할 수 있습니다.

이와 함께 유적의 보호 및 현장 전시 등 체계적·장기적인 보존관리의 필요성에 의해 1997년부터 2016년까지 양주 회암사지 종합정비사업이 실시되었습니다. 토지매입, 발굴조사, 박물관 건립, 유적정비, 공원화 사업 등 약 20년에 걸쳐 진행된 양주시의 종합정비사업을 통해 현재 일반인이 자유롭게 관람할 수 있는 유적 및 박물관의 관람환경이 구축될 수 있었습니다.

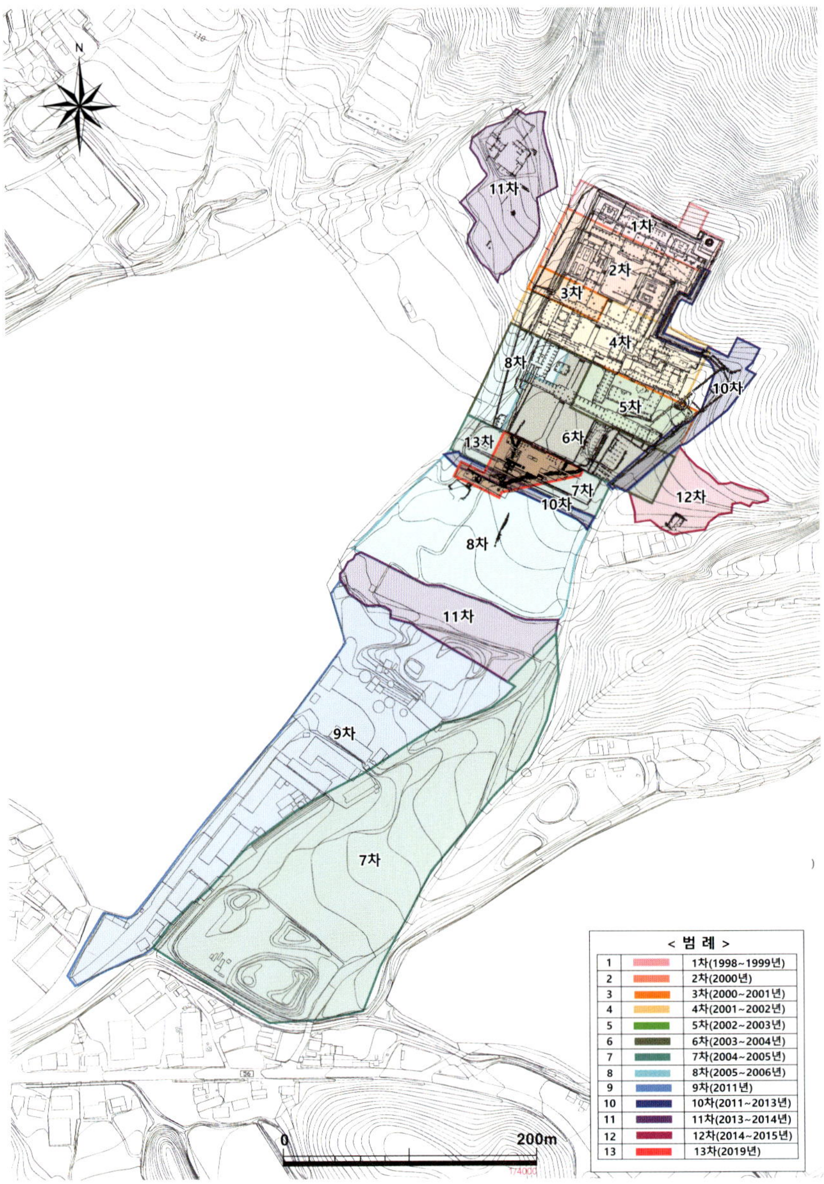

조사현황

조사 구분	조사 연도	조사 지역	조사 기관	조사 성과
	1960년대	금당지 일원	국립중앙박물관	보고서 미발간
	1985	사역 전체	새한건축	실측 및 현황조사, 초석 및 기단 확인을 위한 부분적인 굴토작업 실시
	1990	3단지 동쪽	명지대 부설 한국건축문화연구소	3단지 중앙~동쪽 일원에 대한 시굴조사 및 현황실측 작업
시굴	97.11.10 ~98.3.7	사역 전체	경기도박물관	중장기 발굴조사 계획 수립
1차 발굴	98.8.27 ~99.6.30	8단지 전체	〃	정청 및 주변 건물지 왕실과의 관련성 확인, 주변 유물산포지에 대한 시굴조사 실시
2차 발굴	00.3.2 ~00.9.30	6, 7단지 전체	경기도박물관, 기전문화재연구원	보광전지 청동금탁 출토 (명문을 통해 태조 이성계와의 관련성 확인)
3차 발굴	00.12.20 ~01.5.4	5단지 서쪽	〃	다양한 형태의 구들 시설 다수 확인
4차 발굴	01.7.19 ~02.3.30	5단지 동쪽, 4단지 전체	〃	사천왕문지(4단지 문지) 확인
5차 발굴	02.6.14 ~03.2.28	3단지 동쪽	〃	주 동선 이외에 동쪽 보조 동선 확인
6차 발굴	03.6.3 ~04.4.19	3단지 서쪽, 2단지 전체	〃	2단지 동쪽에 건물지군 확인·조사, 3단지 동쪽 우물지 조사
7차 발굴	04.7.13 ~05.4.8	1단지 전체, 박물관 부지	〃	1단지 남북 중심 축선 상에서 건물지 확인, 1단지 서쪽 외곽지역 유구 분포 가능성 확인
8차 발굴	05.5.27 ~06.9.11	2·3단지 서쪽, 유물산포지 '나'	〃	주 동선 이외에 서쪽 보조 동선 확인, 3단지 서쪽지역 화장실(추정) 유구 확인
9차 발굴	11.8.1 ~11.8.30	박물관부지 서쪽 (미화레미콘 부지)	경기문화재연구원	유구 없음(시굴조사)
10차 발굴	11.11.1 ~13.5.9	동쪽 석축·외곽담장, 4단지 동쪽구역, 1단지 하단부 등	〃	동쪽 외곽담장·배수로 확인, 4단지 동쪽 벽체건물지(공방시설) 확인, 1단지 하단 암거 확인
11차 발굴	13.5.9 ~14.5.18	북서쪽 외곽	〃	별원 추정지 확인(건물지 4개소 등)
12차 발굴	14.9.12 ~15.6.26	동남쪽 외곽	〃	추정 창고지(건물지 2개소 등) 확인
13차 발굴	19.5.15 ~19.9.24	1단지 하단 ~ 연못지 구간	화서문화재연구원	사역 남서쪽 외곽 하단 배수로(암거) 유구 확인, 연못지 상단에서 고려말의 우물 1기 확인

출처 | 박종규, 「양주 회암사지 발굴 조사 성과」, 『회암사지의 시간과 공간(학술자료집)』

양주 회암사지 종합정비 기본구상 조감도와 사진

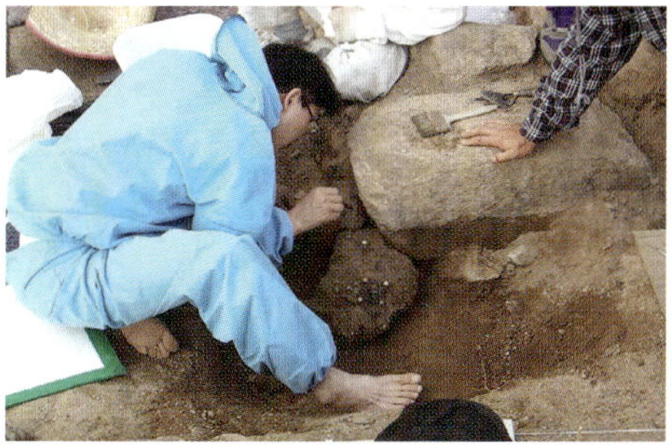

양주회암사지전시관 건립설계

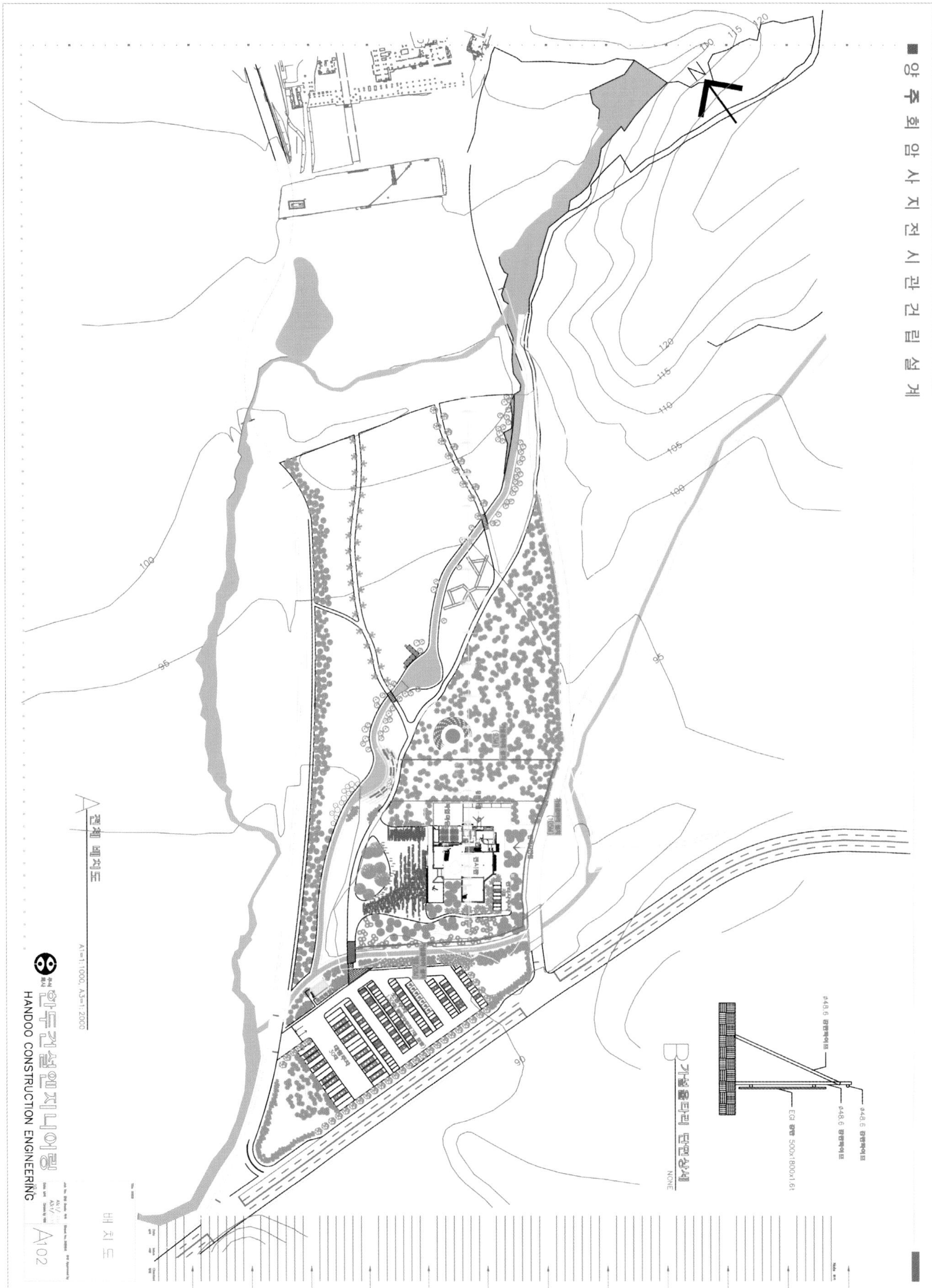

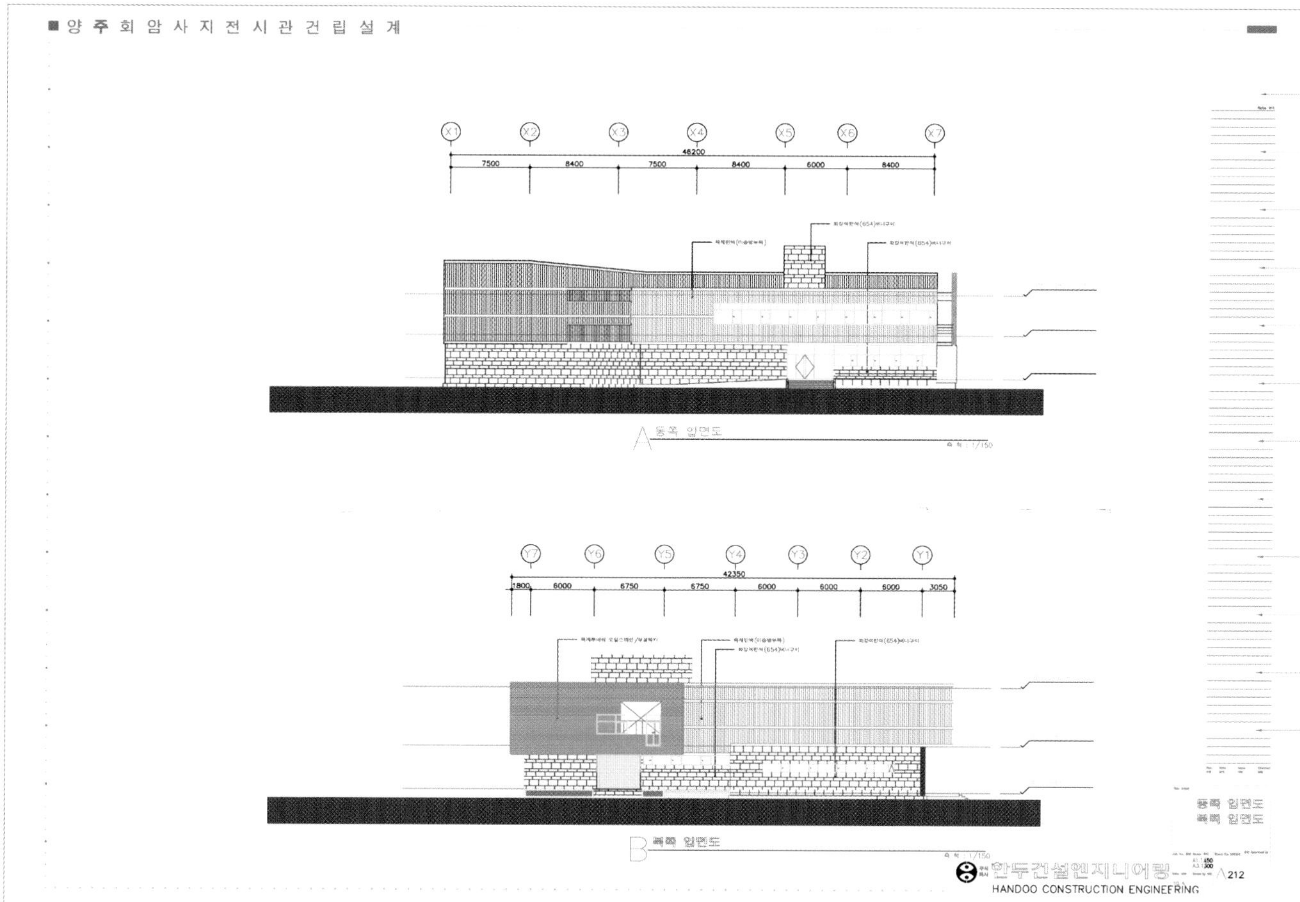
■양주회암사지전시관건립설계
X1 X2 X3 X4 X5 X6 X7
46200
7500 8400 7500 8400 6000 8400
A 동쪽 입면도
축척 1/150
Y7 Y6 Y5 Y4 Y3 Y2 Y1
42350
1800 6000 6750 6750 6000 6000 6000 3050
B 북쪽 입면도
축척 1/150
동쪽 입면도
북쪽 입면도
한두건설엔지니어링
HANDOO CONSTRUCTION ENGINEERING
A212

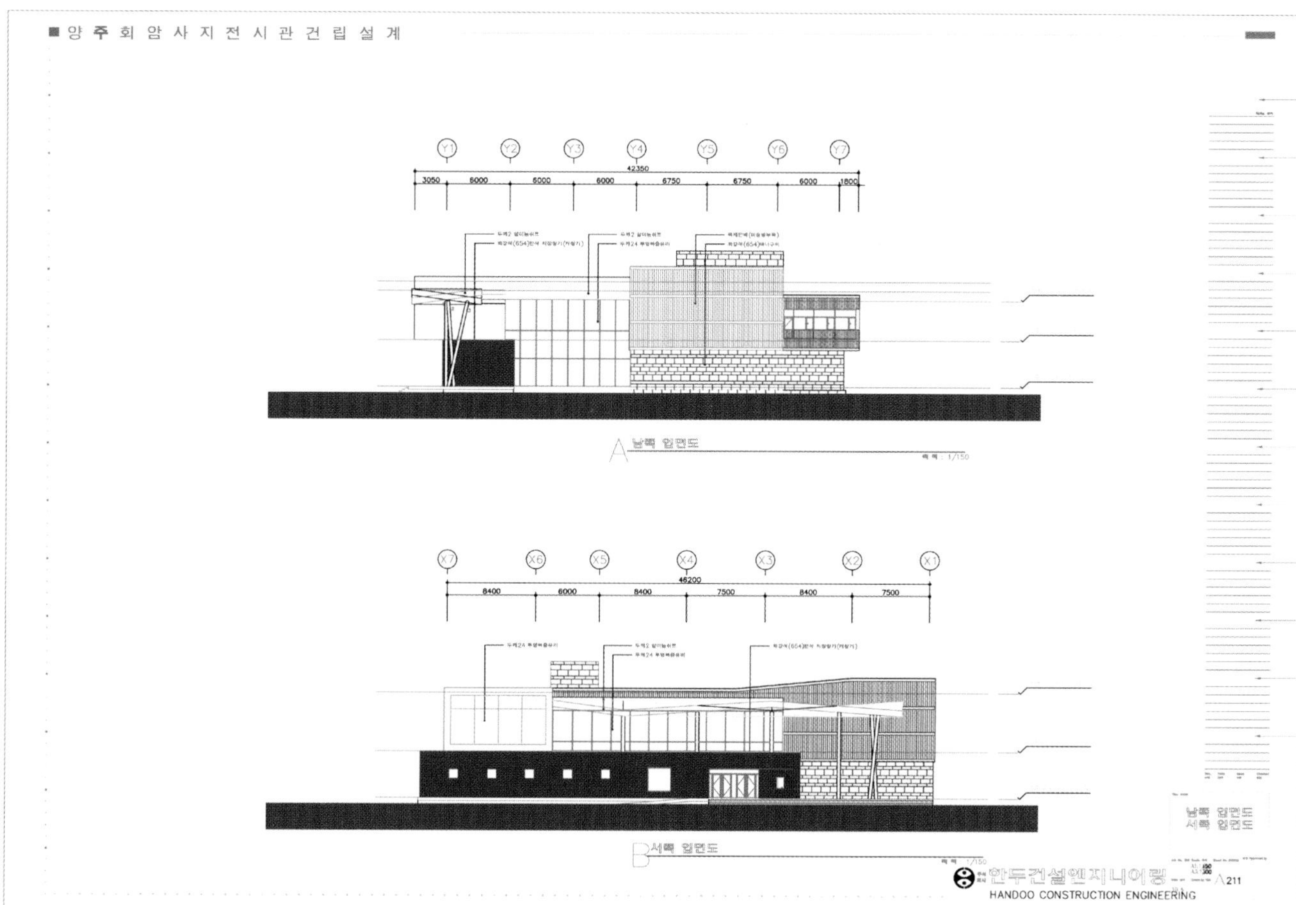
■양주회암사지전시관건립설계
Y1 Y2 Y3 Y4 Y5 Y6 Y7
42350
3050 6000 6000 6000 6750 6750 6000 1800
A 남쪽 입면도
축척 1/150
X7 X6 X5 X4 X3 X2 X1
46200
8400 6000 8400 7500 8400 7500
B 서쪽 입면도
축척 1/150
남쪽 입면도
서쪽 입면도
한두건설엔지니어링
HANDOO CONSTRUCTION ENGINEERING
A211

공장이 있던 자리 박물관으로

1993년 회암사지에서 바라본 현재의 박물관 자리(레미콘공장이 있었음)

2022년 현재

004

양주 회암사지 발굴자료관에서 사용한 물품

Tools used at the old museum | 현대

양주 회암사지 발굴자료관에서 사용한 임시 보관용 유물 상자와 유물 촬영에 사용한 카메라(니콘 FM2-필름 카메라/미놀타 Dimage A1-디지털카메라), 그리고 조명도구이다. 회암사지박물관의 개관 이전, 유적 옆에 위치한 양주 회암사지 발굴자료관은 출토유물의 임시 보관 및 전시, 교육까지 이루어지는 「작은 박물관」이었다.

양주
회암사지
발굴자료관

양주
회암사지
발굴자료관

2022년 양주시립회암사지박물관은 개관 10주년을 맞이하였습니다.
그간 박물관에서는 양주 회암사지 유적의 가치를 증명하기 위해 심도 있는 연구 수행과
철저한 유물관리, 다양한 주제의 전시 및 시민에게 다가가는 교육 등 박물관의 기초 역할을
성실히 수행해왔습니다. 더불어 양주시의 공립박물관으로서 양주의 역사 문화와 관련된
모든 분야를 박물관 활동의 대상으로 확대하고 있다는 점에서,
양주시립회암사지박물관의 역할 반경은 겉으로 보이는 것보다 매우 넓다고 할 수 있습니다.

또한 이러한 박물관 활동은 비단 하나의 건물 안에서 벌어지는 일에 국한되지 않고
유적 및 보호구역 전체를 대상으로 다양하게 펼쳐지고 있습니다. 약 7년간의 도전을 통해
잠정목록 등재라는 성과를 거둔 유네스코 세계유산 추진사업,
태조 이성계의 회암사 방문을 스토리텔링 하여 개최되는 양주 회암사지 왕실축제,
그리고 우수한 정비상태로 시민을 포함한 누구나 자유롭게 방문하여 여가를 누릴 수 있는
잔디광장 관리 등 우리 박물관에서는 양주 회암사지를 학술적·대중적으로 손꼽히는 명소로
알리기 위해 최선을 다하고 있습니다.

앞으로의 10년 역시 양주시립회암사지박물관은
양주 회암사지의 유네스코 세계유산 본 등재라는 큰 목표를 향해 시민과 함께
다양한 문화사업을 추진하면서 경기 북부의 대표 박물관으로 자리매김할 것입니다.

In 2022, Yangju City Hoeamsa Temple Site Museum celebrates its 10th anniversary. In order to prove the value of the remains of Hoeamsa Temple Site in Yangju, the museum has faithfully played the basics of the museum, including in-depth research, thorough relics management, exhibitions on various topics, and citizen-friendly education. As a public museum in Yangju, its role is much wider than it seems, given that it expands its activities to Yangju's history and culture.

In addition, these museum activities are not limited to what happens inside the building, but are conducted in various ways throughout the ruins and protected areas. After about seven years of challenges, the UNESCO World Heritage Project achieved the result of being listed on the provisional list. Our museum is doing its best to promote Yangju Hoeamsa Temple as one of the best academic and popular attractions, including the Yangju Hoeamsa Temple Royal Festival, which is the storytelling of the visit of Taejo Lee Seong-gye, and the management of the grass plaza where anyone can freely visit and enjoy leisure.

For the next 10 years, the Yangju Hoeamsa Temple Site Museum will also become a representative museum in northern Gyeonggi-do by promoting various cultural projects with citizens toward the big goal of registering the UNESCO World Heritage Site in Hoeamsa Temple Site in Yangju.

2005-2011

2005.03. 실시설계용역 및 발주
(2006. 6. 실시설계완료)
2009.09. 전시공사 재착수, 박물관 자문위원회 구성 및 1차 자문위원회 개최
2010.05. 건축공사 준공
2011.05. 전시공사 설계변경(1회, 2차 자문절차 이행)
2011.07. 전시공사 추진에 따른 3차 자문위원회 개최

2012

01. 전시공사 설계변경(2회)
03. 박물관 등록
04. 시굴~4차 발굴 96점 대여
(국립중앙박물관 소장)
05. 전시공사 준공
07. 박물관 임시개관
10.19. 박물관 개관 및 개관전시 〈회암사, 그 위용을 드러내다〉 개최
12. 1~4차 추가발굴 국가귀속유물 9,544점 이관

2013

01. 박물관 자원봉사자 발대식
'뮤지엄! 어른들의 놀이터' 프로그램 운영
05. 6~7차 발굴 국가귀속유물 10점 이관
07. '조선왕실 in 회암사지' 프로그램 운영
08. 운영자문위원회 개최
'에듀케이터와 함께하는 전시투어' 프로그램 운영
'함께 하는 왕실문화 따라잡기' 교육결과전 개최

2017

04. 어린이 체험전시 〈다 같이 돌자, 동네 한 바퀴〉 개최
04. 세계유산 잠정목록 등재 기초조사 학술용역 실시
05. '2017년 열린 시민 강좌' 프로그램 운영
05. '회암예술시장, 박물관 앞 플리마켓' 개최
07. 전통연희극 '임꺽정은 살어있다!' 상설공연
10. 제1회 양주 회암사지 왕실축제 개최
(부제: 태조 이성계의 힐링캠프)
11. 지역문화예술플랫폼 육성사업 〈엄마들의 박물관 규방 展〉 개최
12. 경기문화재단 지역 특성화 문화예술교육 〈양주의 유희〉 사진전 개최

2018

02. 세계유산 잠정목록 등재신청서 1차 제출
(결과: 부결)
04. 국립민속박물관·양주시립회암사지박물관 공동기획전 〈대가람의 뒷간廁〉 개최
06. 8차 추가발굴, 10~12차 추가발굴 국가귀속유물 962점 이관
06. '새로운 시선으로 본 회암사지' 학술대회 개최
09. 특별전시 〈산산散散: 부서진 뒤 알게 된 것들〉 개최
09. '2018, 박물관 문화학교' 프로그램 운영
09. '왕실태교' 교육프로그램 운영
10. 2018 양주 회암사지 왕실축제 개최
(부제: 태조 이성계와 함께하는 힐링여행)
10. '회암사명 약사여래삼존도' 보물 지정
11. 회암동 기와가마 발굴 국가귀속유물 313점 이관

2019

01. 태봉산보루 3, 4차 발굴 국가귀속유물 36점 이관
04. 2019 양주 회암사지 왕실축제 개최
(부제: 태조 이성계, 조선의 봄을 열다)
05. 특별전시 〈절집의 어떤 하루〉 개최
06. 세계유산 등재를 위한 심화 연구 국제학술 심포지엄 〈회암사지와 동아시아 선종사원 비교연구〉 개최
06. 회암동, 마전동 발굴 국가귀속유물 86점 이관
06. '박물관 딜리버리 서비스' 비대면 프로그램 운영
06. 박물관-시설관리공단 디딤돌봉사단, 사회공헌활동 업무협약 체결
08. 두드림 프로젝트 〈찾아가는 과학관, 과학 놀이터〉 개최
09. 회암사지 진입로 폭염저감시설 '쿨링포그' 설치
09. '조선왕실 전통태교' 프로그램 운영
09. 세계유산 잠정목록 등재신청서 2차 제출
(결과: 부결)
11. 특별전시 〈온돌: 회암사의 겨울나기〉 개최

2014

01. '달마다 프로그램' 운영 및 '박물관에서 즐기는 튼튼놀이' 프로그램 운영
05. 생생문화재 '500년 전 왕실사찰로 떠나는 시간여행' 운영
06. 특별전시 〈마루장식기와, 건물의 위용과 품격을 담다〉 개최
09. 작은전시 〈회암사지, 그 시간의 흐름〉 개최

2015

01. 2014년 운영 '생생문화재' 프로그램 정부종합평가 우수콘텐츠 선정
05. 특별전시 〈능호관 이인상, 즐거움과 품격으로 산수를 보다〉 개최
05. 청소년 봉사단 'Museum Little Teacher' 모집
09. 특별전시 〈깨달음의 소리, 범자[梵字]〉 개최
10. 세계유산 관련 전문가 자문 및 박물관 중심 자체 연구 시작

2016

01. 「2015 박물관 길 위의 인문학」 '우수박물관상' 수상
교육체험전시 〈궁궐의 수호신 새형 잡상이 날아갔어요〉 개최
02. 6~8차 발굴 국가귀속유물 1,812점 이관
03. 대만국립역사박물관 MOU 체결
04. 테마전시 〈춘풍문양, 봄바람 타고 온 옛 회암사의 문양 이야기〉 개최
05. 열린 시민 강좌 '명사와 함께하는 역사 특강' 프로그램 운영
06. 특별전시 〈도자, 옛 회암사를 빛내는 美〉 개최
07. 'English Story 회암사지' 프로그램 운영
09. 테마전시 〈월정 윤근수, 외로운 충정 붓으로 남긴 흔적〉 개최
10. 양주 회암사지 세계유산 등재 추진 시작
11. 국립민속박물관·양주시립회암사지박물관 공동기획전 〈큰 고을 양주〉 개최
12. 테마전시 〈청백리, 버들고을 빛내다〉 개최

2020

05. 특별전시 〈문양예찬-회암사에 멋들다〉 개최
06. 〈양주 회암사지 기와 조선 500년을 덮다〉 학술대회 개최
07. 2019년 공립박물관 평가인증제 우수 인증기관 선정
07. 양주 관아지 발굴 국가귀속유물 155점 이관
08. 양주 회암사지 부도탑 국가지정문화재 (보물) 추진
12. '안표 초상화 및 교지' 경기도문화재 지정
12. 세계유산 잠정목록 등재가치 보완연구 진행
12. 특별전시(가상전시) 〈환상양주-고대순수기〉 개발

2021

01. 송추 발굴 국가귀속유물 38점 이관
03. 삼숭-만송간 발굴 국가귀속유물 107점 이관
04. 양주 회암사지 전통문양 산업디자인 DB구축(한국문화정보원 협업)
04. 삼숭-율정간 발견 국가귀속유물 1점 이관
05. 특별전시 〈효령-회암사에 담은 불심〉 개최
06. 양주 회암사지 사리탑 국가지정문화재 보물 승격 지정
(1974년 9월 26일 경기도 유형문화재 제52호 → 2021년 6월 24일 국가지정문화재 보물 제2130호)
06. '회암사의 조각 : 전통의 계승과 새로운 전통의 시작' 학술대회 개최
07. 독바위보루 1차 발굴 국가귀속유물 54점 이관
09. 양주 회암사지 AR 망원경(세계최초 증강현실(AR) 기반 야외 상설 메타망원경) 운영 개시
10. 2021 양주 회암사지 왕실축제 개최
(부제: 빛의 궁궐 회암사지, 조선을 치유하다)
10. 미디어파사드 상설관람시스템 구축
10. 특별전시 〈양주 회암사지 사리탑〉 개최
10. '겨울방학 집콕 탐구생활' 특별프로그램 운영
11. 세계유산 잠정목록 등재신청서 3차 제출
11. 광사동 발굴 국가귀속유물 21점 이관

2022

01. 양주 회암사지 유네스코 세계유산 잠정목록 선정 의결
01. 양주 회암사지 왕실축제 '2022 경기관광 축제' 우수 지역축제 선정
01. 독바위 보루 2차 발굴 국가귀속유물 78점 추가
04. 전통놀이 문화공간 '우리놀이터 양주' 개관(한국공예·디자인문화진흥원 협업)
05. 제25회 전국박물관인대회, 제2회 올해의 박물관·미술관상(출판물 부문) 수상 「회암사지박물관 연구총서 IX 회암사의 조각」 발간 유공
05. 특별전시 〈양주 회암사지, 세계유산을 꿈꾸다〉 개최
05. 고암동 발견 국가귀속유물 1점 이관
06. 양주 회암사지 왕실축제 '대한민국 대표 축제 박람회' 금상 수상
07. 양주 회암사지 유적, 유네스코 세계유산 잠정목록 등재 (세계유산센터 공식 홈페이지 최종 게재)
07. 덕정2지구 발굴 국가귀속유물 284점 이관
08. 만송동 발굴 국가귀속유물 5점 이관
09. 회암사지 배수로 유구 발굴 국가귀속유물 64점 이관
10. 유네스코 세계유산 잠정목록 등재 기념 2022 양주 회암사지 왕실축제 개최
(부제: 치유의 궁, 세계를 품다)

005

태조어진太祖御眞

Portrait of King Taejo of Joseon

가로 150 세로 218 | 현대 | 어진박물관 | 복제

조선을 건국한 태조 이성계太祖 李成桂, 1335-1408는 양주 회암사의 역사에 있어 가장 중요한 인물 중 한 명으로, 그간 박물관에서 추진한 연구와 전시뿐만 아니라 교육 및 축제 등 다양한 사업에 주요한 소재로 등장하였다. 이번에 전시된 것은 2012년 회암사지박물관의 개관 기념전시 <회암사, 그 위용을 드러내다>에서 태조 이성계의 회암사 방문 당시를 연출하기 위해 어진박물관(전주 한옥마을 경기전 내)에 소장된 어진 원본국보을 정밀 복제한 것이다.

2-1 연구하고 수집하다

양주시립회암사지박물관은 양주 회암사지 출토유물을 수집·관리, 조사·연구, 전시·교육하기 위해 건립된 전문 박물관으로, 기본적으로 주요 소장유물은 회암사지 출토 국가귀속문화재*입니다. 박물관은 이에 더하여 양주시 유일의 공립박물관 역할을 수행하기 위해 경기 북부의 중심도시였던 옛 양주**의 역사·문화와 관련된 유물을 발굴·구입·기증 등을 통해 지속적으로 수집하고 있습니다.

박물관 소장유물 현황(2022년 현재)

· 수집 방법에 따른 분류

구분	발굴		구입	기증	합계
	회암사지 출토	양주시 출토			
수량	12,501건	1,034건	100건	7건	13,642건
	12,525점	1,179점	425점	8점	14,137점

· 재질별 분류

구분	금속제	토제	도자기	석제	유리·보석	지류	기타	합계
수량	1,342건	5,408건	6,692건	77건	18건	103건	2건	13,642건
	1,449점	5,411점	6,700점	88점	60점	425점	4점	14,137점

* 국가귀속문화재 : 지표조사 또는 발굴조사 과정 등에서 발견·발굴된 문화재 중 보존 가치가 있어 국가에서 보관·관리하는 매장문화재

** 옛 양주 : 의정부, 구리, 남양주, 동두천, 도봉구, 노원구, 강북구, 중랑구 등

수장고 시설 및 보존 환경 현황

양주시립회암사지박물관은 소장유물을 과학적이고 안전하게 관리하기 위하여 재질별·유형별로 수장 공간을 분리 운영하고 있으며, 주된 유물의 특성을 고려하여 온도 20±4℃, 습도 40~60%의 보존환경을 유지하고 있습니다. 수장고에는 24시간 항온항습, 보안장치(CCTV, 화재경보기 등)가 철저히 가동되며 출입 관리도 엄격하게 이루어지고 있습니다. 또한 정기적인 온습도 체크 및 해충·균 등에 대한 모니터링을 통해 유물에 해를 입히는 요소에 대한 관리를 시행하고 있으며, 혹시라도 유입되었을 유해요소에 대비하기 위해 연 2회 전시실 및 수장고에 훈증소독을 실시하고 있습니다. 더불어 매년 보존환경 측정을 시행하여 유물에 영향을 미치는 대기 중의 오염물질 농도를 체크하고, 이에 대해 대비를 함으로써 유물에 영향을 미치는 요인들을 최소화하고 최적의 환경에서 보존할 수 있도록 노력하고 있습니다.

수장고	면적(㎡)	유물 종류	온도	습도
유물관리실	66.98	유물관리	20±4℃	40~60%
수장고-1실	256.74	도토류, 석재, 유리, 옥류	20±4℃	40~60%
수장고-2실	63.42	금속류	20±4℃	40~50%
수장고-3실	197.15	서화, 전적류, 직물류, 목재류	20±4℃	50~60%
		유물촬영실	20±4℃	50~60%

회암사 및 불교 관련 구입자료

006

「석씨원류 권4」釋氏源流 卷四

Seokssiwonryu

School of Seok Clan

가로 23.0 세로 36.5 | 조선 | 2021년 구입

석가의 일대기와 불법佛法이 중국에 전래한 이후 원나라까지 유통에 관한 사실을 글로 쓰고 여기에 민중이 그 내용을 쉽게 이해할 수 있도록 그림을 배치하여 목판으로 간행한 책이다.

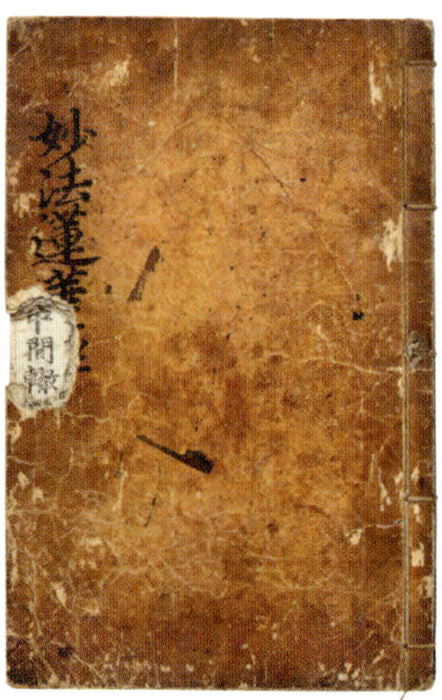

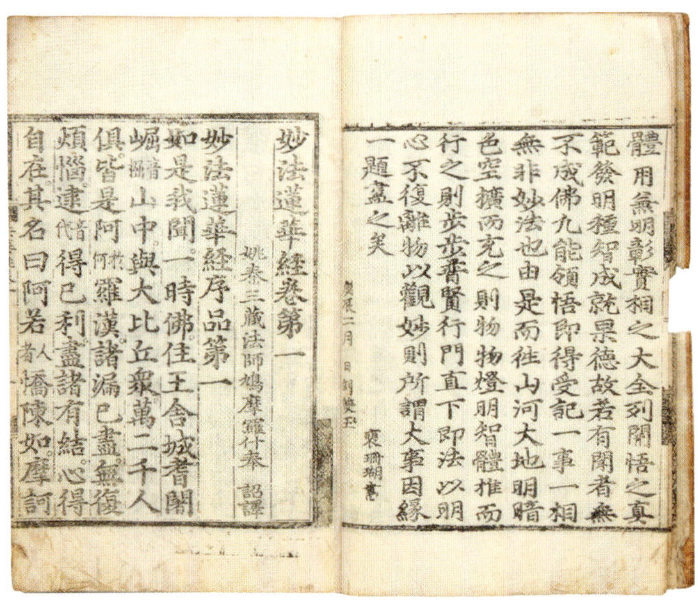

007

「묘법연화경」妙法蓮華經

Myobeop Yeonhwagyeong

Saddharmapundarika Sutra(The Lotus Sutra)

가로 20.0 세로 31.5 | 조선 | 2018년 구입

조선 전기 회암사에서 간행된 묘법연화경을 후대에 복간復刊하였다. 석가모니의 40년 설법을 모아 요약한 경전으로 '법화경法華經'이라 하기도 한다. 세조 때 간경도감刊經都監에서 언해본諺解本으로 간행되기도 하였다.

008

『육조대사법보단경』六祖大師法寶壇經

Yukjodaesa beopbodangyeong

Sixth Patriarch of Chinese Zen Buddhism

가로 20 세로 28.4 | 고려 | 2022년 구입

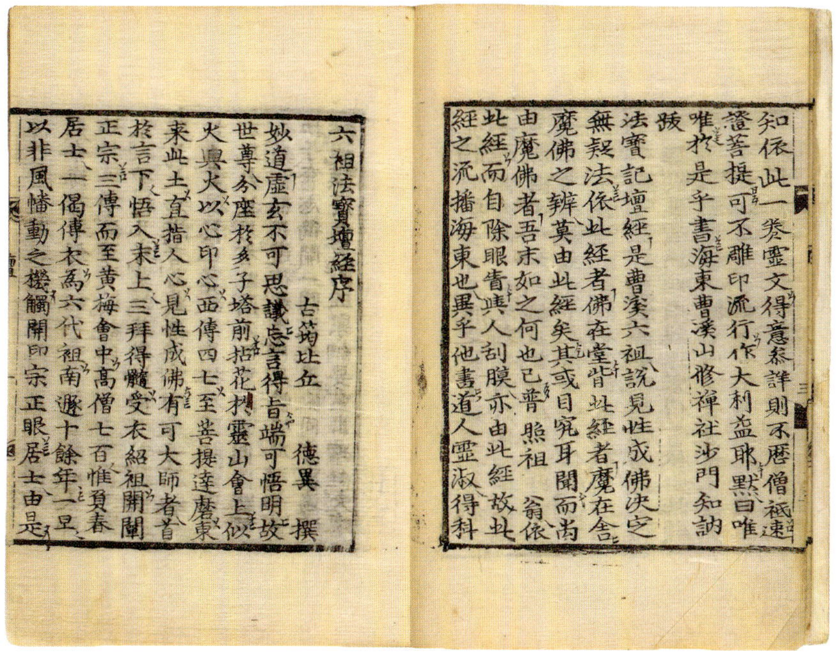

중국 선종의 6대조이며 남종선南宗禪의 개조開祖인 혜능慧能, 638-713이 소주韶州의 대범사大梵寺에서 설법한 10가지 법문을 제자 법해法海, ?-?가 모아 기록한 것으로, 혜능의 설법 내용과 수도 과정을 담은 일대기이다. 사상뿐 아니라 실천적인 면에서 한국불교에 지대한 영향을 끼친 불교 서적이다.

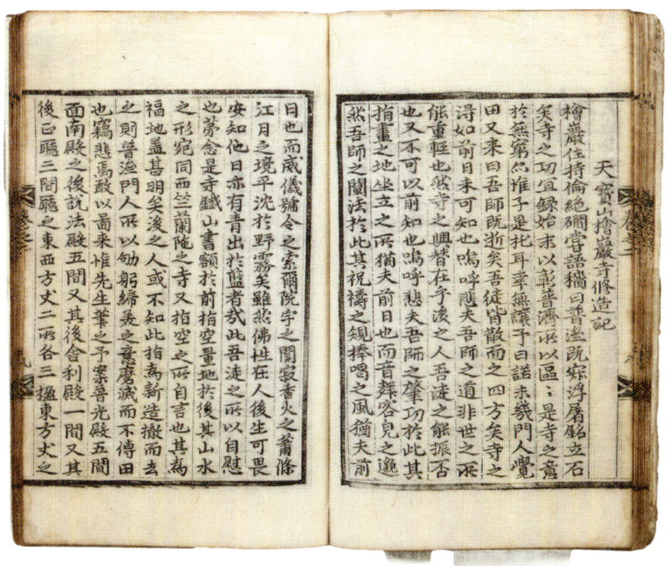

009

『목은집』牧隱集

Mogeun jip

Collected Works of Yi Saek

가로 18.5 세로 28.5 | 조선 | 2017년 구입

고려말·조선초 학자이자 정치가 목은 이색李穡, 1328-1396의 문집이다. 『목은집』에 실린 「천보산회암사수조기天寶山檜巖寺修造記」에서는 고려말의 회암사 모습에 대해 상세히 묘사하고 있으며, 건물 배치의 모습이 회암사지 발굴조사를 통해 드러난 모습과 크게 다르지 않아 건물의 명칭이나 시대별 중창 범위 등을 추정하는 데 중요한 자료이다.

보물을 기억하는 기증자료

010
선각왕사비 탁본禪覺王師碑拓本

Rubbing of the Stele for Royal Master Seon-gak

가로 120 세로 265 | 현대 | 2012년 정승남 기증

고려 말 불교계의 가장 대표적인 인물이자 회암사를 중심으로 활동했던 선각왕사 나옹혜근懶翁惠勤, 1320-1376을 추모하기 위해 만들어진 선각왕사비의 탁본이다. 비에는 나옹선사의 회암사 중창 및 지공指空과의 만남 등 매우 중요한 내용을 담고 있어 보물로 지정되었는데, 1997년 산불로 선각왕사비가 파손되면서 현재는 정상적으로 원본을 확인하기 어렵게 되었다. 본 자료는 선각왕사비가 아직 온전한 상태일 때를 담은 귀중한 자료로, 2012년 박물관 개관과 더불어 정승남(현 양주시청 공무원) 님의 기증으로 전시실에서 관람객을 만나고 있다.

011

'회암사'가 새겨진 청동접시 桧岩寺銘青銅接匙

Bronze dish with Inscription "桧岩寺"

지름 13.9 높이 3.4 | 여말선초 | 2014년 주영숙 기증

굽바닥에 '檜巖寺'의 약자인 '桧岩寺' 명문을 점각으로 새겼다. 회암사지에서 '檜巖' 명문이 새겨진 청동 그릇은 여러 점 발견되었으나 청동 접시는 발견된 적이 없어 유일하며, 명문의 '桧岩'자 역시 약자라는 점에서 다른 명문과 차이를 보여 주목된다. 2014년 주영숙(전 동덕여대 총장) 님이 기증하였다.

양주 전역에서 출토된 국가귀속자료

양주시립회암사지박물관은 양주시의 공립박물관이자 국가귀속유물 보관·관리기관으로 지정되어 있습니다. 따라서 양주 회암사지에서 출토된 국가귀속유물들은 대다수 박물관에서 보관하고 있으며, 2018년부터는 일정 기간의 상태 확인 및 보존 처리를 거친 양주 곳곳의 출토유물이 국가귀속 후 회암사지박물관에 이관되어 우수한 수장시설에서 보관되고 있습니다.

이관 연도	발굴지	수량
2018년	회암동 기와가마	313건 313점
2019년	태봉산보루 3차	27건 27점
	태봉산보루 4차	9건 9점
	회암동 연동	31건 50점
	마전동	34건 36점
2020년	양주 관아지	155건 155점
2021년	송추집단시설 조성사업부지	38건 38점
	삼숭-만송간 도로개설구간내	107건 107점
	삼숭-율정동 발견 단경호	1건 1점
	독바위 보루 1차	54건 54점
	광사동 근린시설 신축부지내	21건 21점
2022년	독바위 보루 2차	78건 78점
	고암동 발견 석촉	1건 1점

삼숭~율정 발견유물

012
단경호
길이 20.7 폭 12 두께 20 | 삼국 | 국가귀속유물(율정동-1)

013
백자장군
길이(현) 4.7 | 조선 | 국가귀속유물(관아지5차-25)

016
근대백자 뚜껑
길이(현) 1.5 폭 6.0 | 조선 | 국가귀속유물(관아지5차-82)

014
분청상감문병
길이(현) 14.7 두께(복원) 11.0 | 조선
| 국가귀속유물(관아지5차-69)

017
분청인화국화문종자
길이 3.8 폭 10.1 두께 4.5 | 조선
| 국가귀속유물(관아지5차-97)

015
백자동체부
길이(현) 5.4 | 조선 | 국가귀속유물(관아지5차-81)

018
분청인화국화문접시
길이 3.0 폭(복원) 12.1 두께 4.1 | 조선
| 국가귀속유물(관아지5차-149)

019
무개고배
길이 7.4 폭 10 | 삼국 | 국가귀속유물(독바위1차-9)

020
구슬
길이 2 폭 2 투공 지름 0.2~0.45
| 조선 | 국가귀속유물(연동-1)

021
구슬
길이 1.7 폭 2 투공 지름 0.3~0.5
| 조선 | 국가귀속유물(연동-2)

022
구슬
길이 0.5~1.4 폭 0.3~1.3
투공 지름 0.3~0.6 | 조선
| 국가귀속유물(연동-11)

삼숭~만송간 도로개설구간 내 출토유물

023
백자명기 뚜껑
길이 2.6 폭 3.6 두께 0.4~0.6 | 조선 | 국가귀속유물(만송동-100)

024
백자명기 받침
길이 1.1 폭 5 두께 2.9 | 조선 | 국가귀속유물(만송동-105)

025
백자명기 병
길이 5.4 폭 2.4 두께 3.2 | 조선 | 국가귀속유물(만송동-101)

026
백자명기 잔
길이 2 폭 5.3 두께 3.5 | 조선 | 국가귀속유물(만송동-103)

027
백자명기 잔
길이 1.9 폭 6 두께 3.1 | 조선 | 국가귀속유물(만송동-104)

028
백자명기 발
길이 3.3 폭 3 두께 2.6 | 조선 | 국가귀속유물(만송동-102)

029
암키와편
길이(잔존) 13.0 폭(잔존) 14.5 두께 1.5
| 조선 | 국가귀속유물(송추-36)

030
백자저부편
길이(잔존) 3.9 두께(추정) 6.4 | 조선
| 국가귀속유물(송추-9)

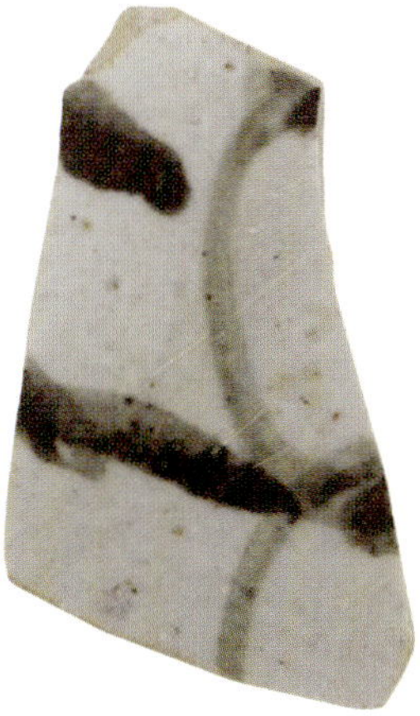

031
백자철화초문동체부편
길이(잔존) 4.8 | 조선
| 국가귀속유물(송추-16)

광사동 근린시설 신축부지 내 출토유물

032
백자접시
길이 4.1 폭 14.2 두께 5 | 조선 | 국가귀속유물(광사동-15)

033
도기 소호
길이 12.8 폭 10.2 두께 6.1 | 조선 | 국가귀속유물(광사동-4)

034
토기 소호
길이 6.5 폭 6.7 두께 4.5 | 조선 | 국가귀속유물(광사동-21)

035
청동숟가락
길이 19 폭 3.3 두께 0.2 | 조선 | 국가귀속유물(광사동-3)

036
청동숟가락
길이 20.5 폭 0.5~3.3 두께 0.1~0.2 | 조선 | 국가귀속유물(광사동-17)

037
청동숟가락
길이 24 폭 0.6~3.0 두께 0.2 | 조선 | 국가귀속유물(광사동-9)

양주의 역사문화를 담은 자료

038

송추야유회 기념사진

Portrait

가로 15 세로 11 | 1965 | 2022년 구입

039

사진(송추야유회)

Portrait

가로 15.0 세로 11.0 | 1962 | 2019년 구입

040

양주 소놀이굿 모습이 실린 복권

Lottery Tickets of Yangju Sonorigut

가로 13 세로 7 | 1976~1977 | 2022년 구입

양주 소놀이굿 장면을 담은 주택복권으로,
1등 당첨금액은 900만원이다.

041

양주군 가옥조사필 표찰

Label of housing census of Yangju

가로 6 세로 4 | 현대 | 2022년 구입

양주군 회천면, 별내면(현재 남양주)
각 집에 가옥조사를 실시했음을
확인해주는 표찰이다.

042

양주군, 의정부시 홍보 담배

Cigarette

가로 5.5 세로 9 | 1990년대 | 2022년 구입

담배갑(88라이트)에 새마을운동 및 양주군과 의정부시의 담배 이용 홍보 내용이 담겨있다.

043

양주 회암서재 상촌마을 사진

Portrait of Yangju

가로 11.0 세로 7.5 | 일제강점기 | 2019년 구입

"楊州 檜巖書齋 上村" 등의 내용이 기재되어 있어 회암사와 관련 있는 지역의 사진으로 추정된다.

044
양주 관광 기념 도장을 찍은 엽서
Printed Postcards with tour stamps

가로 최대 22 세로 10 | 1978 | 2022년 구입

양주역, 장흥역, 일영 등 방문 기념 도장이 찍힌 엽서이다.

045
양주별산대놀이 관련 자료
Papers of Yangju Byeolsandae Nori

가로 최대 16 세로 22 | 현대 | 2022년 구입

중요무형문화재 제2호 양주별산대놀이 관련 자료로, 1972년 국립극장에서의 공연 팜플렛과 양주별산대놀이 기념 우표를 붙인 엽서, 공연 사진을 담은 복권이다.

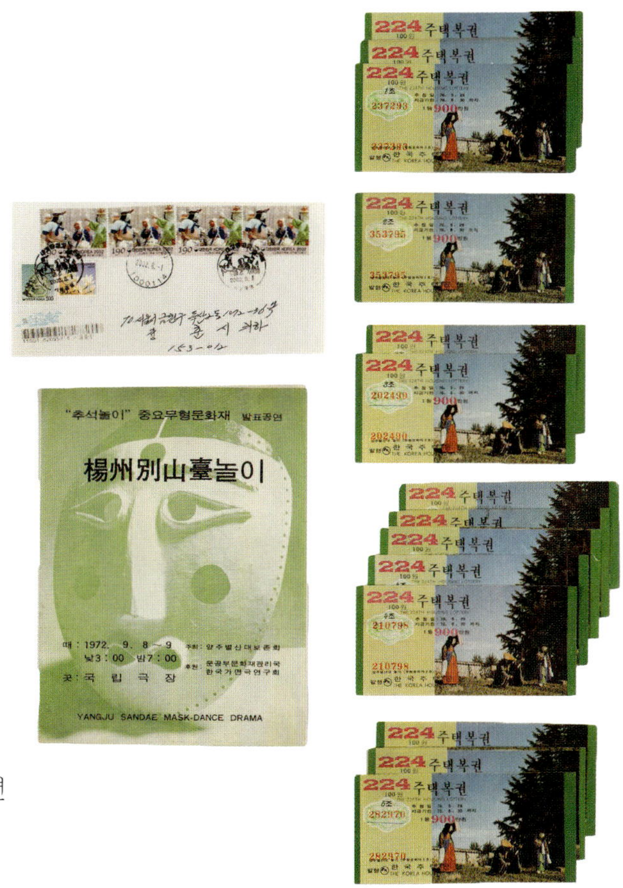

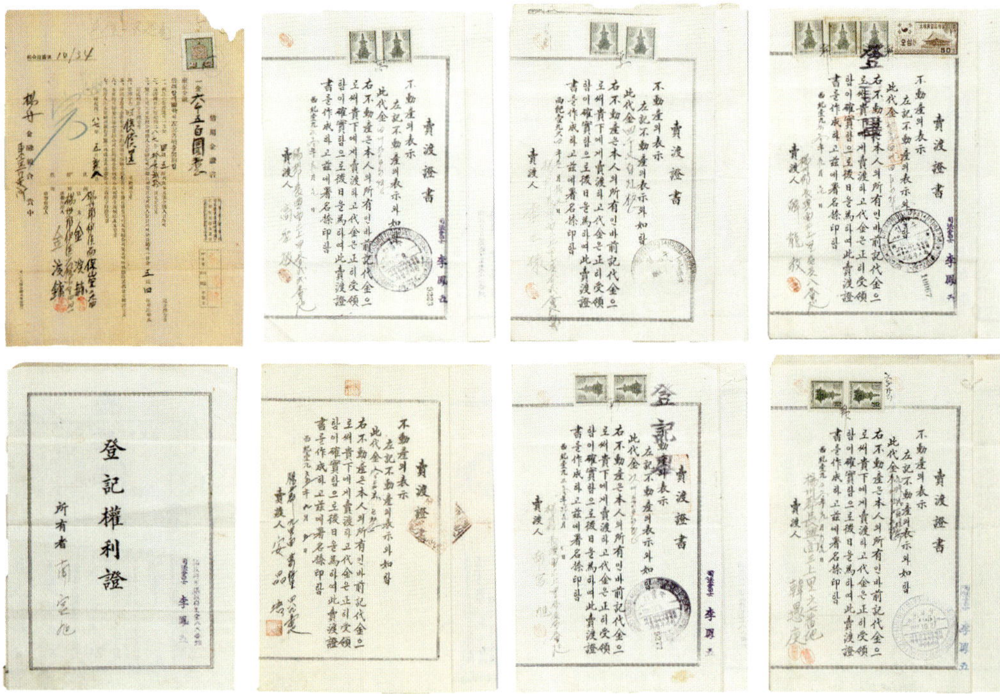

046
양주군문서
매도증서賣渡證書와 차용금증서借用金證書
Official document of Yangju
가로 19.0 세로 26.0 | 1950-60년대 | 2019년 구입

토지 매매 계약이 성립되었음을 증명하는 매도증서와 돈을 빌리고 작성한 차용금증서이다. 상단에 수입인지가 부착되어 있고 양주군(이담면, 구리면, 장흥면)에 관한 내용이 담겨있다.

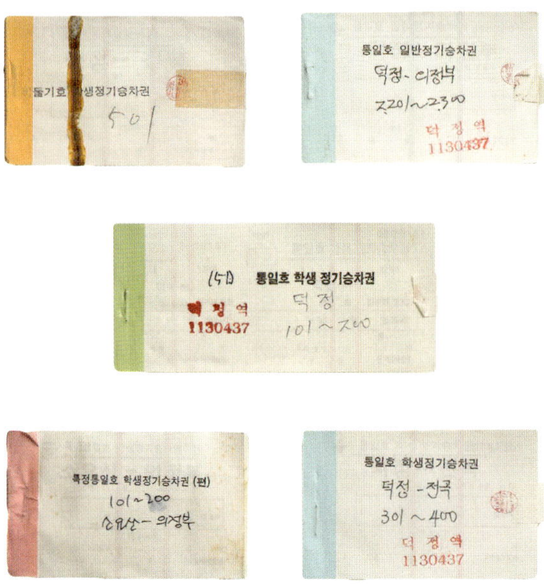

047
양주 열차승차권
Ticket
가로 최대 13 세로 6 | 현대 | 2022년 구입

양주 내외부로 운행하는 통일호용 승차권이다.

048
홍태윤 대한제국기 상패증장洪泰潤 大韓帝國期 賞牌證狀
Certificate of medal
가로 31.0 세로 25.0 | 1907 | 2020년 구입

賞牌證狀
楊州郡守 洪泰潤
下賜褒獎하시는事
光武十一年一月二十四日
奉勅
表勳院總裁 閔泳徽
本狀簿冊
編入事

대한제국 표훈원表勳院, 훈장·연금 등에 관한 업무 관장에서 1907년광무11 발행한 홍태윤 상패증장이다.
홍태윤은 경기도 양주 출생으로, 영평 현령, 포천 현감, 양주 목사 등을 지냈으며, 명관名官, 명판관名判官으로 이름이 높았다.

049
제2대 총선거 양주을구 국회의원 입후보자 김종규 선거공보
Official report of election
가로 25.0 세로 17.0 | 1950 | 2019년 구입

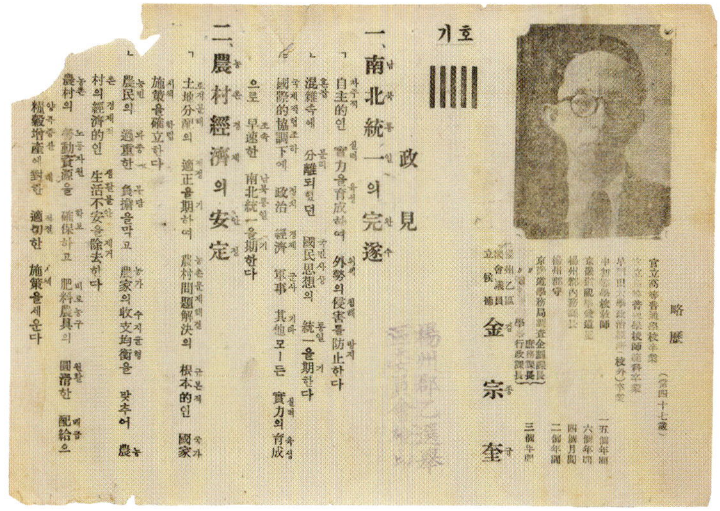
略歷
기호
金宗奎
政見
一、南北統一의 完遂
二、農村經濟의 安定

제2대 총선거 양주을구楊州乙區 국회의원 입후보자 김종규金宗奎의 선거공보이다.
후보의 사진과 약력, 정견정치에 관한 의견이나 견해 등의 문구가 인쇄되어 있다.
김종규는 양주군 내무과장, 양주군수, 경기도학무국조사 기획과장 등을 역임하였다.

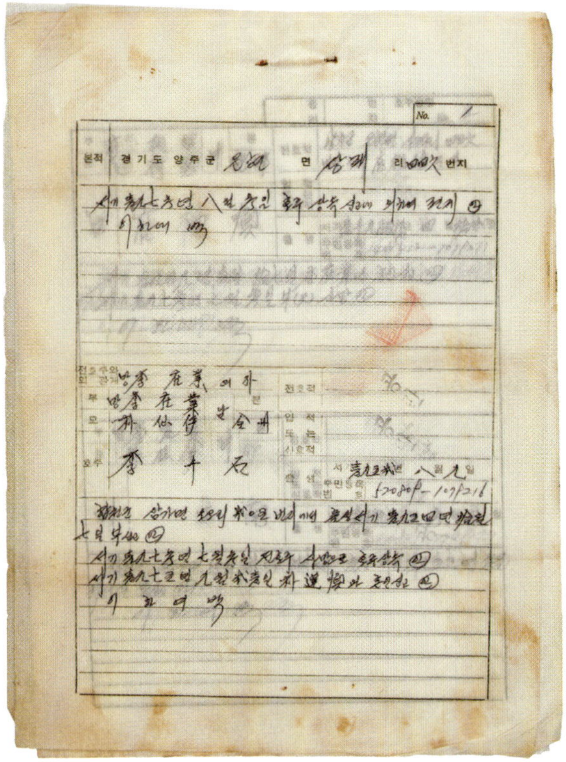

050
호적등본戶籍謄本
Family Relations
가로 19.0 세로 26.0 | 2019년 구입

양주군 은현면隱縣面 호적등본으로, 양주군 수입인지收入印紙가 첨부되어 있다.

051
교외선 증기기관차열차 기념승차권
Ticket
가로 7 세로 4 | 현대 | 2022년 구입

서울과 의정부로 오갈 수 있는 교외선 증기기관차 열차승차권이다. 현재 중단 중인 교외선 운행은 몇 년 내로 고양-양주-의정부 노선이 재개통될 예정이다.

052
양주 경원선 열차승차권
Ticket

가로 5.5 세로 3 | 1996~1997 | 2022년 구입

서울과 강원도를 잇는 철도노선인 경원선 승차권으로, 현재 1호선이 운행되는 동두천, 덕정, 주내(현재 양주역), 의정부역을 오갈 수 있는 1일 유효 티켓이다.

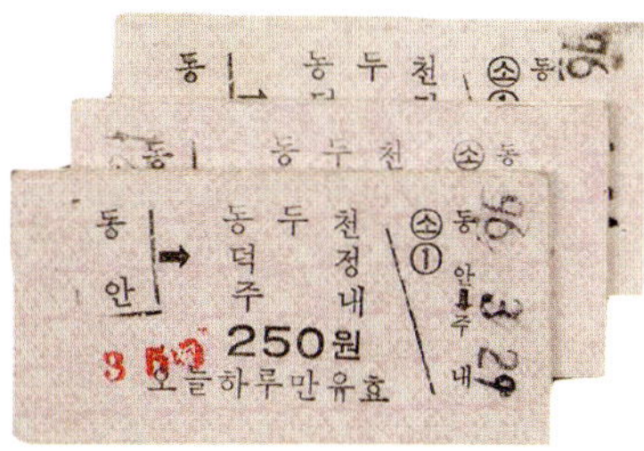

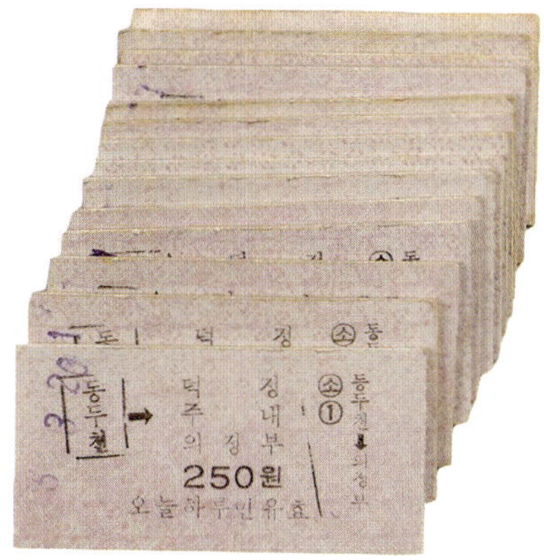

053
내시부 상선 신석조 비문內侍府 尙膳 辛錫祚 碑文
Epitaph

가로 20.5 세로 39.8 | 1739 | 2020년 구입

조선시대 내시부의 최고 수장인 상선종2품 관직 신석조辛錫祚, 1633-1739의 비문으로, 묘는 양주 장흥면 산막동 선산에 있다.

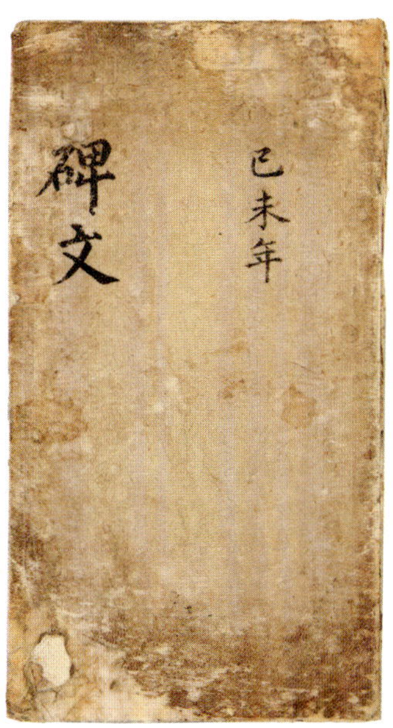

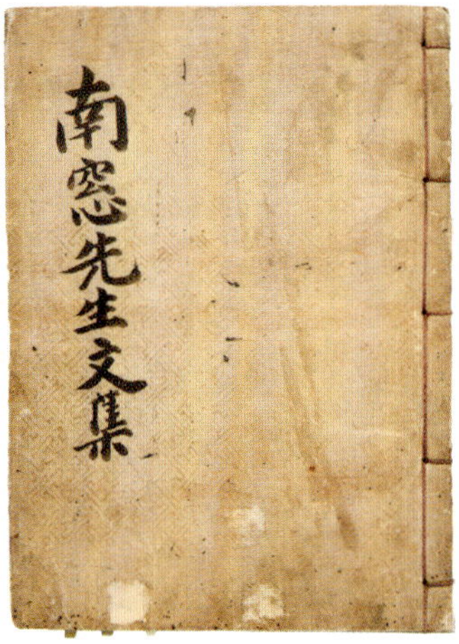

054

『남창선생문집』南窓先生文集

Collection of works

가로 20.0 세로 29.0 | 조선 | 2017년 구입

조선 후기 학자 남창南窓 정제鄭梯, 1689-1765의 시문집이다.
내용 중 「등고구부登高丘賦」는 우주 대자연의 섭리를 비롯하여 중국과 우리나라 역대의 흥망 및 문물의 변천 과정을 열거하였고, 인생을 자연의 추이에 맡겨가면서 살겠다는 서정적인 감정이 풍부하게 표현된 작품이다.

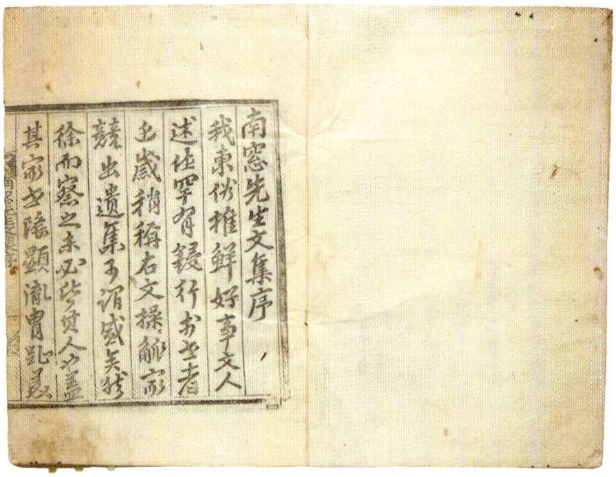

055

양주군지 육필원고楊州郡誌肉筆原稿

Handwritten manuscripts

가로 26.0 세로 19.0 | 1978 | 2019년 구입

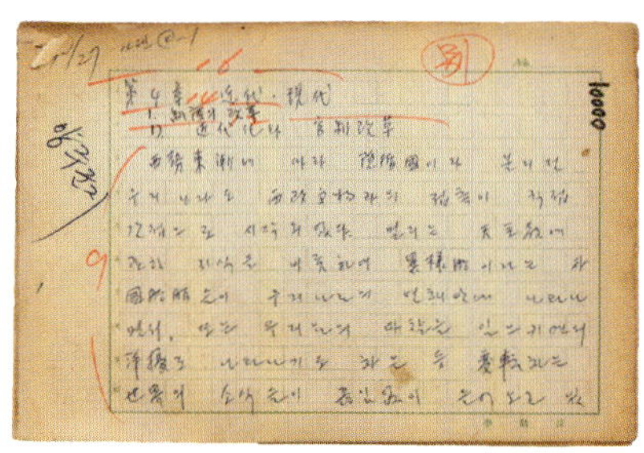

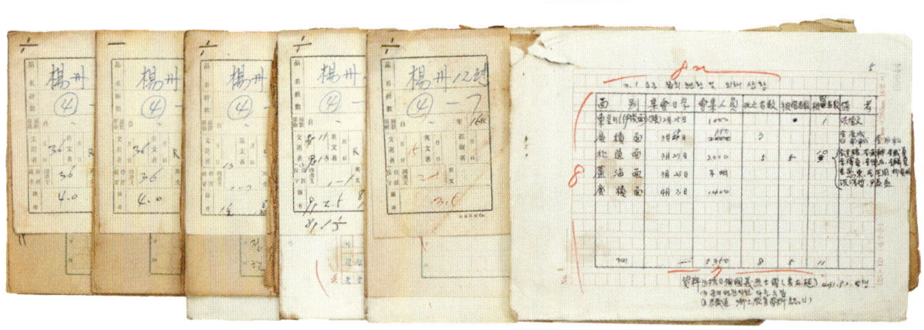

원고에 국사편찬위원회 및 국사편찬위원장과 문화재위원 등을 역임한 이현종李鉉淙, 1929-1984 표시가 되어 있다. 1부에는 1978.7.10. 양주군지 원고 교정필 고무인이 날인되어 있다.

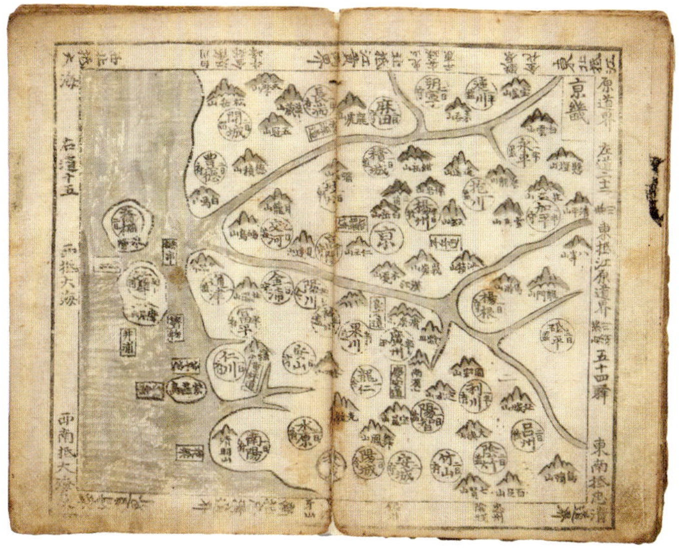

056

「여지도」輿地圖

Map

가로 19.2 세로 30.5 | 조선 | 2017년 구입

여러 장 지도를 묶어 만든 책이며 중국中國, 천하天下, 일본日本, 전국全國 의 12쪽 지도가 수록되어있다.

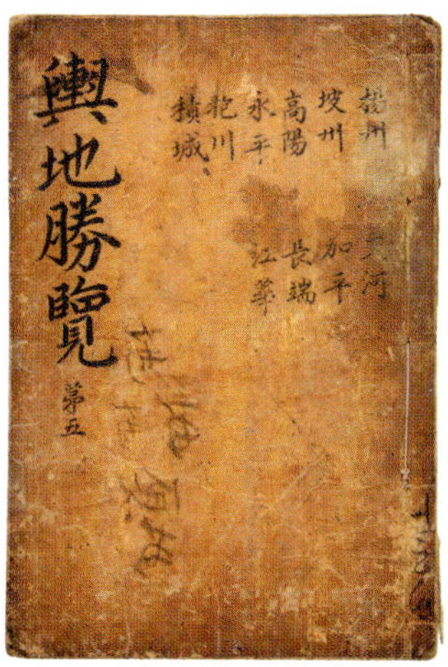

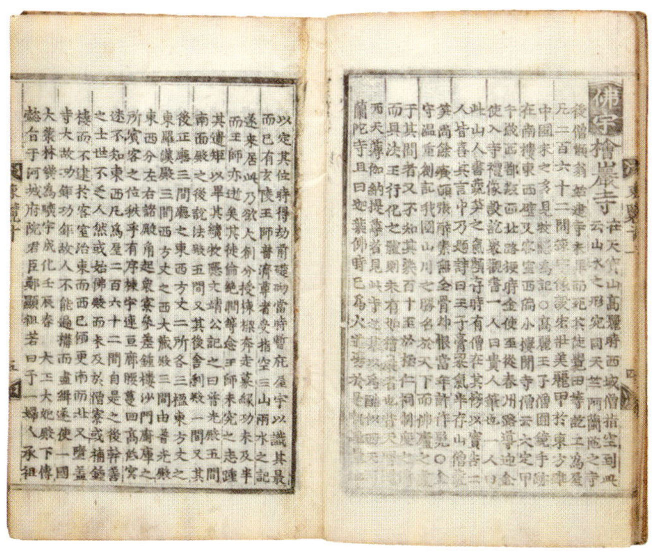

057

「신증동국여지승람」新增東國輿地勝覽

Geography Book of Joseon

가로 21.7 세로 33.0 | 1530 | 2017년 구입

경기京畿 양주목楊州牧 편에 양주의 연혁과 현황을 자세히 서술하고 있으며, 불우佛宇 조에 회암사에 방문한 금나라 사신이 원경圓鏡, ?-1183의 글씨를 찬탄하는 내용이 실려있다.

큰 고을을 증명하는 자료

058
양주 지형도楊州地形圖
Topographical map of Yangju

가로 46.0 세로 58.0 | 일제강점기 | 2017년 구입

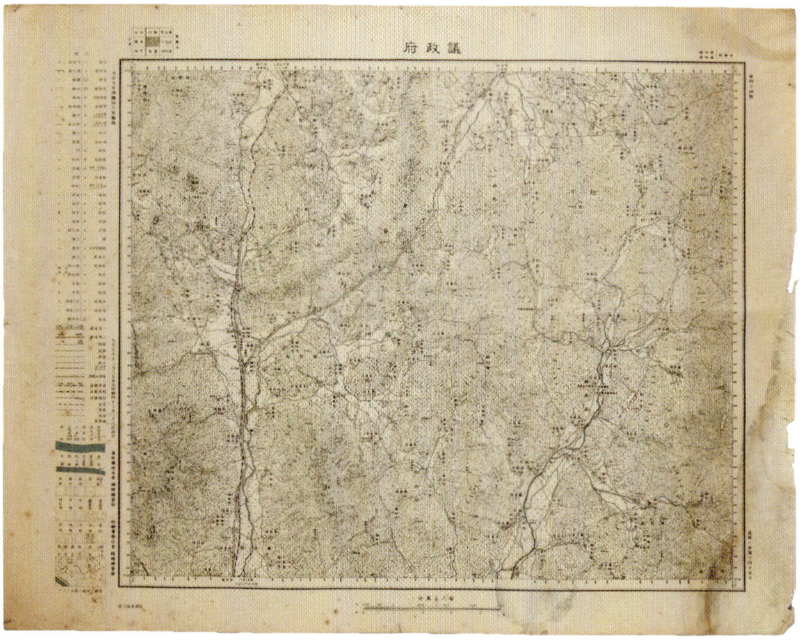

양주, 포천군 일부 지역이 인쇄된 지도이다. 1918년 12월 28일 조선총독부 육지측량부가 발행하였고 축적은 1:50,000이며 상단 중앙에 '纛嶋독도, 뚝섬', 우측 상단에 '春川十四號춘천십사호'가 인쇄되어있다.

059
양주군 지도楊州郡 地圖
Map of Yangju

가로 50.0 세로 64.0 | 일제강점기 | 2018년 구입

경기도, 강원도 일대가 인쇄된 지도이다. 1921년 1월 15일 조선총독부에서 발행하였고 상단 중앙에 '抱川포천', 우측 상단에 '朝鮮二十萬分一圖조선이십만분일도'가 인쇄되어있다.
좌측에는 지도 부호, 측도 연대, 발행기관 및 발행일이 인쇄되었고 도면에는 행정 명칭, 등고선 등 표시, 도곽에는 위도와 경도가 표시되었다.

060

조선도별현세지도朝鮮道別現勢地圖

Map of each Province of Joseon

가로 75.0 세로 55.0 | 일제강점기 | 2019년 구입

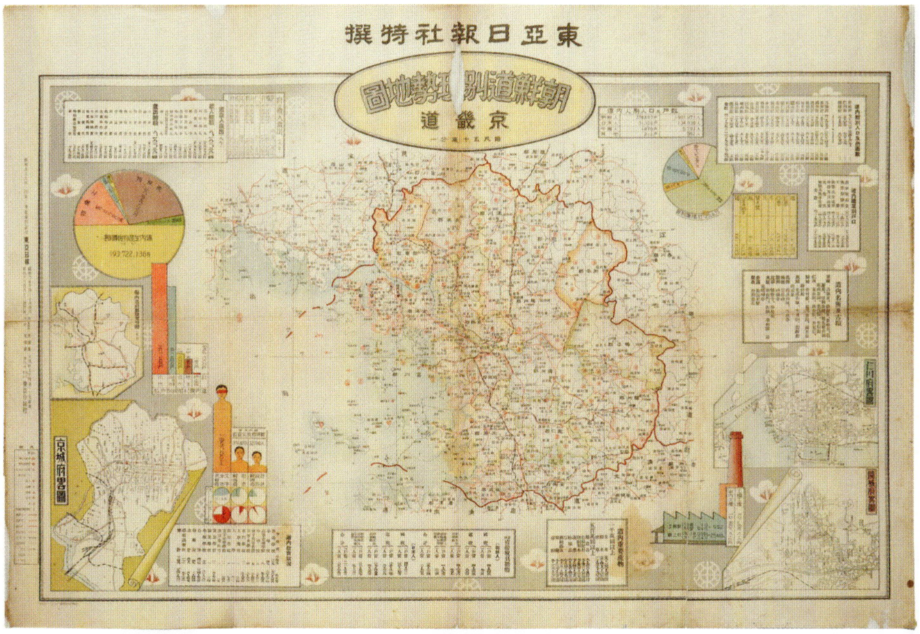

1934년 동아일보 특선으로 발행된 조선도별현세지도로 경기도에 대한 세부 지도이다. 경기도의 인구, 직업, 세입세출, 교육현황, 주요산물 등의 통계가 기록되어 있고 구별면적계, 문자해독자, 도내 농촌계급별 호수, 도내 생산물 총가액이 그래프로 그려져 있다.

061

조선교통전도朝鮮交通全圖

Cartographic material

가로 78.0 세로 108.0 | 일제강점기 | 2021년 구입

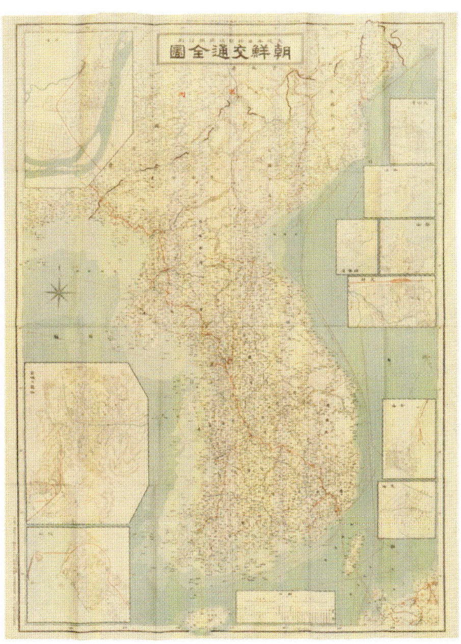

1910년 일본 오사카마이니치신문사大阪每日新聞社에서 간행한 지도이다. 도면에는 1899년 개통된 경인선, 1905년 개통된 경부선, 1906년 개통된 경의선 등 한반도를 종단하는 철도를 포함하여 도로와 해로 등 조선 전체의 교통망이 그려져 있으며, 경성 및 용산, 평양, 인천, 원산항, 목포, 군산, 진남포, 대구, 마산 등 조선 내 주요 도시와 항구 시가지의 지도가 삽입되어 있다.

062

「지도첩」地圖帖

Atlas

가로 35.0 세로 36.0 | 조선 | 2017년 구입

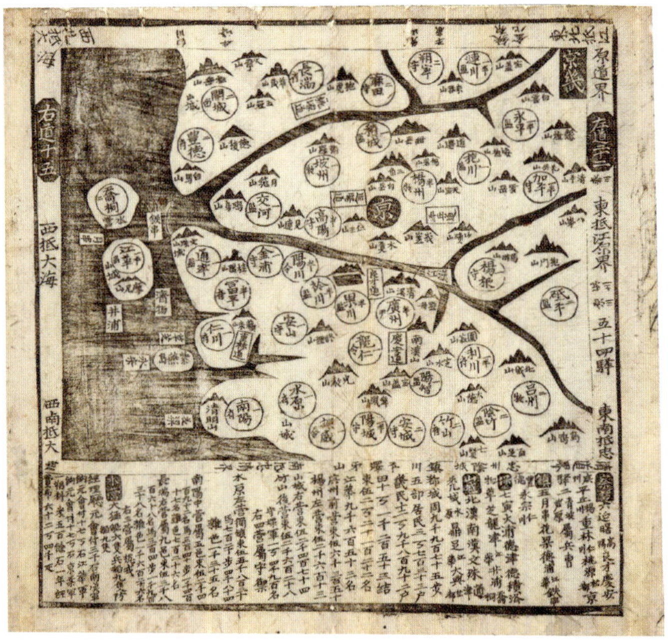

지명, 산, 역로驛路 등이 표기되어 있고 지도 하단에는 찰방察訪, 진鎭, 보堡, 산성山城, 수영水營에 관한 내용이 적혀 있다.

063

경기도관내제학교분포도京畿道管內諸學校分布圖

Distribution map of school in Gyeonggi Province

가로 52.0 세로 55.0 | 일제강점기 | 2018년 구입

조선총독부에서 간행한 <조선제학교일람>에 부록으로 게재한 지도이며 1937년 5월 말일 편집한 학교 분포도이다.

양주 회암사지 전통문양의 우리 시대 문화자원화

문양[文樣 또는 紋樣]은 일반적으로 물체의 겉에 표현·장식되는 모양을 의미하며 우리말로는 '무늬'라고 합니다. 양주 회암사지에서는 많은 유구와 유물이 출토되었고, 이와 함께 동물(용, 봉황), 장식(영락, 소조), 식물(연꽃, 국화) 등의 다양한 전통문양이 확인되었습니다. 양주시립회암사지박물관은 이 문양의 가치를 공유하기 위해 한국문화정보원[문화체육관광부 문화정보화 전담기관, KCISA]에서 주관한 "산업 활용 기반 전통문양 DB 구축" 공모사업(2020)에 지원하였고, 문양의 자유 활용을 목적으로 협업하여 **32점의 유물에서 전통문양 154건을 추출·개방**하였습니다. 이 문양들은 공공누리 1유형[공공기관에서 업무 중 생산된 공공저작물에 대하여 개방된 유형별 이용조건에 따라 민간에서 사용할 수 있도록 하는 제도. 출처표시 필수, 상업적 이용 가능, 변형 등 2차저작물 작성 가능]으로 개방된 저작물로서, 누구나 자유로이 이용할 수 있는 문화자원입니다.

양주 회암사지 전통문양을 기반으로 개발된 산업활용 디자인
Industrial design based on the traditional pattern of Hoeamsaji

2-2 드러내어 보여주다

양주시립회암사지박물관에서는 박물관이 개관한 10년 전부터 현재까지 양주 회암사지 출토유물의 우수한 가치를 발굴하여 관람객에게 전달하기 위해 다양한 주제의 특별전시를 기획·개최하였습니다. 기와, 도자기, 건축, 인물 등 회암사지와 관련된 모든 주제의 가능성을 고민하고, 한편으로는 상설전시를 보완하면서 유적의 이야기를 더욱 풍성하게 표현할 수 있는 주제를 선정함으로써 관람객들이 당대 최대의 왕실 사찰 회암사의 존재가치를 알 수 있도록 도움을 주고자 노력하였습니다.

특히 전시는 박물관이라는 기관 내에서도 관람객과의 접점이 가장 큰 분야인 만큼 관람객과의 소통이 원활하게 이루어질 수 있는 수단을 모색하는 것이 항상 중요한 숙제였습니다. 따라서 이를 위해 우선 관람객이 쉽게 접근할 수 있는 주제의 선정, 그리고 관람객이 쉽게 이해하고 받아들일 수 있는 연출의 적용을 항상 고민하여 전시를 준비하였습니다.

이와 함께 양주시의 공립박물관으로서의 소임을 다하기 위하여 양주의 역사 문화를 적극적으로 전시주제에 반영하였습니다. 양주는 예로부터 수도의 동북부에 근접한 중요 도시였고, 그만큼 많은 역사가 전승되어 온 경기 북부의 본가입니다. 근현대에는 도시정책의 정비에 따라 과거의 큰 영역이 여러 지역으로 나뉘게 되었지만, 큰 고을의 근본 중심지는 여전히 이곳에서 옛 양주의 기억을 잇고 있습니다. 신도시의 조성으로 외부의 유입이 지속적으로 늘어나는 현시점에서 옛 양주의 기억은 현대의 원주민과 새로운 터전을 찾아온 이주민이 함께 교감할 수 있는 소재입니다. 양주시립회암사지박물관은 앞으로도 모든 시민이 공유하고 공감할 수 있는 소재를 적극 발굴함으로써, 우리 지역의 가치를 드러내어 보여줄 수 있도록 최선을 다하겠습니다.

2012

회암사지 박물관 개관
2012년 10월 19일

개관기념전 [회암사, 그 위용을 드러내다]
2012년 10월 19일(금) ~ 2013년 1월 30일(일)

회암사지박물관의 개관과 함께 개최된 특별전시로, 회암사지의 발굴조사를 통해서 드러난 주요 건물의 유구遺構와 출토유물 사진, 회암사가 고려말·조선초 최대의 왕실 사찰로 공인共認되는데 기여한 여러 인물과 그에 대한 사료史料, 태조 이성계가 회암사를 방문했을 때 베풀어졌던 연희演戲를 재현 전시하였다.

2014

특별전시 [마루장식기와, 건물의 위용과 품격을 담다]
2014년 6월 23일(화) ~ 10월 12일(일)

마루장식기와는 건물의 지붕면과 지붕면이 맞닿는 마루 위에 올리는 기와로 건물의 위용과 품격을 보여주는 장식기와이다. '마루장식기와, 건물의 위용과 품격을 담다' 특별전에서는 취두, 용두, 잡상, 토수 등 회암사지 출토 조선 전기 마루장식기와를 중심으로 고려 말부터 조선 후기까지의 마루장식기와를 한 자리에 모아 전체적인 흐름을 살필 수 있도록 하였다.

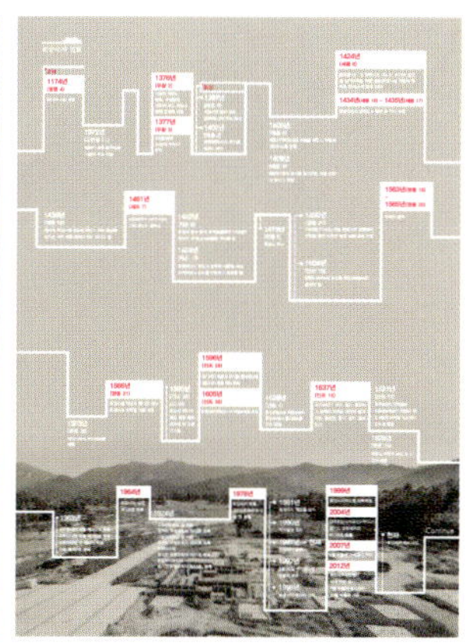

테마전시 [회암사지, 그 시간의 흐름]
2014년 9월 2일(화) ~ 12월 7일(일)

고려시대부터 자리를 묵묵히 지켜온 회암사지는 그 시간의 흐름만큼 우리에게 많은 이야기를 전해준다. 각종 옛 문헌들에는 그간 회암사가 견뎌온 시간이 전하고 있으며, 회암사지는 지금까지 남아 그 시간을 보여주고 있다. 이 전시에서는 과거의 회암사, 또 언젠가부터 그 모습을 드러내고 있는 회암사지의 모습을 살펴보고, 단순히 멈춰 있는 과거의 유산이 아니라 발굴과 정비를 통해 다시 시작한 회암사지 이야기의 흐름을 전달하였다.

2015

특별전시 [능호관 이인상凌壺觀 李麟祥, 즐거움과 품격으로 산수를 보다]

2015년 5월 19일(화) ~ 8월 2일(일)

능호관 이인상1710-1760은 18세기 조선의 예술세계를 대표할 수 있는 문인화가文人畵家로, 그림과 글씨가 굉장히 수준 높은 경지에 이르러 동시대를 산 그의 수많은 벗과 그 이후 그를 아는 모든 인물에게 존경과 찬양을 받았다. 이 전시는 회암사지박물관에서 회암사지 외 양주의 역사 문화를 다룬 첫 전시로, 시대를 관통하며 시詩서書화畵의 극찬을 받아온 능호관 이인상의 심오한 미학美學을 그의 고향인 양주 천보산 아래 회암사지박물관에 펼쳐 전시하였다.

특별전시 [깨달음의 소리 범자梵字 - 회암사지 범자문 막새기와를 이야기하다]

2015년 9월 22일(화) ~ 12월 16일(일)

인도의 옛 언어이자 불교 경전의 원어原語인 범자를 하나의 문양으로 표현한 범자문은 13세기 고려 후기 중국 원元나라를 통해 본격적으로 들어오기 시작하였는데, 양주 회암사지에서 출토된 범자문梵字文 막새기와 역시 출토기와유물 중 상당한 비중을 차지한다. 이를 연유로 전시에서는 범자문 막새기와 속에 담긴 다양한 의미를 살펴보고, 이를 통해 옛 회암사가 지닌 왕실 사찰로서의 위상을 되새길 수 있는 자리를 마련하였다.

2016

특별전시 [도자, 옛 회암사를 빛내는 美]

2016년 6월 22일(수) ~ 10월 9일(일)

회암사지 전체 출토유물 중 50% 이상을 차지하는 도자기류는 고려 후기부터 조선 중기까지 한국 도자사의 흐름을 알 수 있는 다양한 문양과 명문 등을 지니고 있어, 미적·학술적 가치와 함께 옛 회암사와 왕실 관계를 알 수 있는 매우 중요한 유물이다. 전시에서는 회암사지에서 출토된 다양한 도자기를 중심으로 고려청자와 분청사기, 조선 전기의 백자와 청자, 중국 자기까지 다양한 도자기의 종류가 갖는 역사적, 미술사적 의미와 아름다움을 한 공간에서 살필 수 있도록 흐름을 나열하였다.

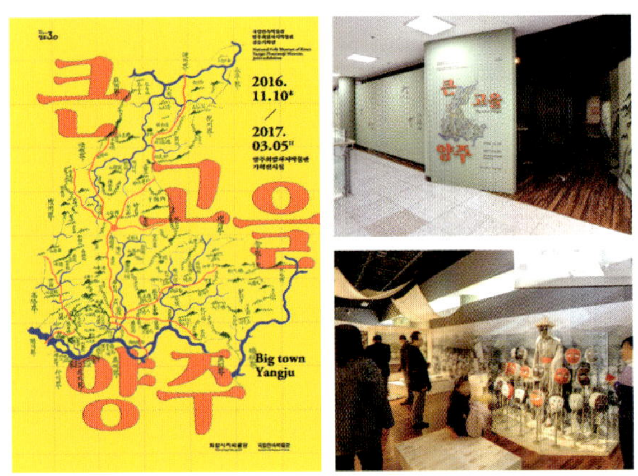

국립민속박물관-양주회암사지박물관 공동기획전 [큰 고을 양주]

2016년 11월 10일(목) ~ 2017년 3월 5일(일)

경기 중북부에 자리한 도시 양주楊州는 조선시대부터 한양을 보호하는 군사적 요충지였고 동북방으로 뻗은 길이 모이는 교통의 요지였기에 사람이 모여들고 장시가 번성한 곳이었다. 이 전시는 "2016 K-Museums 공동기획전" 사업선정에 따라 국립민속박물관과 회암사지박물관이 협업한 전시로, 양주지역의 주역인 양주 사람들이 선조들로부터 물려받은 소장품과 양주에 대한 기록들, 발달한 장시 관련 자료 등 다양한 자료들을 선보이며 양주 민속에 대해 폭넓은 이해의 장을 마련하였다.

2017

어린이 체험전시 [다 같이 돌자, 동네 한 바퀴]

2017년 4월 28일(금) ~ 12월 31일(일)

경기 중북부에 위치한 도시 양주楊州는 삼국시대부터 한반도의 중심에 자리한 군사적 요충지이자 각축의 장으로, 다양한 문화재 및 인물들이 등장하였고 사람들을 통해 많은 이야기가 전해 내려왔다. 이 전시에서는 역사 속에 등장하는 양주의 면면을 어린이가 쉽게 다가가고 이해할 수 있는 체험전시로 연출함으로써, 미래사회의 주역으로 건강히 성장할 어린이들이 지역의 전승 문화에 대한 존재와 가치를 스스로 체감할 수 있는 계기를 마련하였다.

2018

국립민속박물관-양주시립회암사지박물관 공동기획전 [대가람의 뒷간廁]

2018년 4월 19일(목) ~ 7월 1일(일)

2005년 양주 회암사지에서는 국내 최대 규모의 뒷간 터가 발견되었다. 그 옛날 회암사 뒷간에는 어떤 사람들이 오갔고 어떤 흔적을 남겼을까? 이 전시에서는 우리 삶에서 빼놓을 수 없는 배변 활동을 통해 옛사람들의 식생활과 뒷간 문화를 살펴보고, 거대한 석실 위에 상상으로 재현해본 건물을 감상하면서 나아가 "근심을 내려놓는 공간" 뒷간을 간접적으로 체험하는 자리를 마련하였다.

특별전시 [산산散散 : 부서진 뒤 알게 된 것들]

2018년 9월 11일(목) ~ 2019년 3월 3일(일)

양주 회암사지에서 출토된 많은 유물은 대부분 오랜 세월의 풍파를 겪으면서 적지 않은 훼손을 겪은 채 발굴되었다. 보잘것없어 보일 수 있는 산산조각이 난 유물들, 그러나 진정 중요한 것은 외형이 아니라 그 안에 담긴 오랜 세월의 이야기일 것이다. 이 전시는 양주시립회암사지박물관에 소장되어있는 유물 중 '깨지고 부서져 완전치 못한' 유물들이 종종 가치가 절하되고 외면받기도 하는 실태에 주목하면서 이를 새로이 바라보는 시각을 제시하여, "문화유산의 가치란 무엇인가?"에 대해 생각해보는 자리를 연출하였다.

2019

특별전시 [절집의 어떤 하루]

2019년 5월 31일(금) ~ 8월 4일(일)

양주 회암사지는 당대 가장 큰 위용을 자랑하던 대사찰로 최대 3천여 명의 사람들이 머물렀다고 전하는데, 대량의 온돌, 거대한 공중화장실, 커다란 맷돌 등 유적 곳곳에 많은 사람의 생활 흔적을 지금도 찾아볼 수 있다. 이 전시에서는 회암사를 무대로 많은 사람이 머물렀을 대가람의 하루를 한편의 동화로 엮어보았다. 이를 통해 절의 일과를 이해하고, 일상을 채우는 사람들의 모습을 통해 수백 년 전 회암사의 생활상을 직접 상상할 수 있도록 연출하였다.

특별전시 [온돌 : 회암사의 겨울나기]

2019년 11월 8일(금) ~ 2020년 2월 9일(일)

2018년 국가무형문화재 제135호로 지정된 온돌은 우리나라 건축 및 생활양식에 많은 영향을 미쳐왔으며, 산중사찰에서 역시 주요 난방시설의 기능을 담당하였다. 양주 회암사지에서 온돌시설이 확인된 38개의 건물터는 우리나라 단일유적 내 최대 규모의 온돌 유구 군으로, 옛 회암사에 머물렀던 많은 사람이 겨울나는 생활을 상상할 수 있게 한다. 이 전시는 회암사지 온돌의 현황 및 가치를 확인하고, 전시장에 재현된 온돌방의 구조와 온기를 통해 조상들의 겨울나는 지혜를 살펴볼 수 있는 시간을 마련하였다.

2020

특별전시[문양예찬 - 회암사에 멋들다]

2020년 5월 12일(화) ~ 12월 31일(일)

양주 회암사지의 유물과 유구에는 동물과 식물, 글자 및 기하학적 형태 등 다양한 문양文樣이 섬세한 표현으로 남아있다. 이 전시는 양주 회암사지와 관련된 문양을 두루 살펴볼 수 있는 전시로, 당시 회암사의 불교사적 위상과 왕실 사찰로서의 위엄, 더불어 우리가 사는 현대에 활용될 디자인으로서의 가치까지 확인할 수 있도록 연출하였다. 더불어 코로나19로 급변하는 비대면 추세에 적극 부응하여 "다음카카오 프리미엄갤러리"를 통한 온라인 공개로 약 13만 뷰를 달성하며 양주 회암사지 문양의 가치를 널리 전파하였다.

가상전시[환상양주 - 고대순수기]

고대 한반도에서 가장 치열한 영토전쟁이 벌어졌던 삼국시대, 그중에서도 주요 격전지였던 한강 유역 북부의 도시 양주는 산으로 둘러싸인 환상環狀의 분지 지형이자 남북을 잇는 길목으로 고대부터 전략적 요충지였다. 코로나19의 시대에 기획된 이 전시는 삼국시대 양주지역의 풍부한 이야기를 가상공간에서 실감 나게 만나볼 수 있도록 전시 분야 최초의 AR 포털(Portal) 기반 가상공간 전시를 구축하였으며, 현재까지 서비스하고 있다.

2021

특별전시 [효령 - 회암사에 담은 불심]

2021년 5월 11일(화) ~ 9월 26일(일)

양주 회암사가 당대의 대사찰로 성장한 데에는 여러 고승 및 왕실 인물들의 관심과 후원이 크게 작용하였는데, 전시에서는 그중 회암사의 역사에 진한 족적을 남긴 '효령대군 이보'를 주목해보았다. 조선 제3대 왕 태종 이방원의 둘째 아들인 효령대군은 왕자의 신분으로 태어났음에도 권력에 얽매이지 않고 불교에 깊이 심취하였다. 대군의 자리에서 여러 임금을 모실 만큼 장수하면서 왕실의 큰 어른으로서 역할을 한 효령대군은 동시에 전국의 많은 사찰에서 불사佛事를 주도하면서 이름을 남긴, 왕자王子 이자 불자佛子였다.

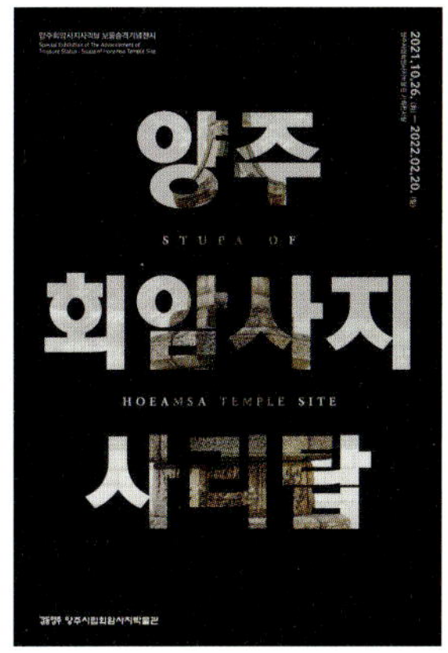

보물승격 기념전시 [양주 회암사지 사리탑]

2021년 10월 26일(화) ~ 2022년 2월 20일(일)

양주 회암사는 웅장한 규모와 위세에도 불구하고 소실되어 오랜 세월 방치되어왔는데, 동편 언덕에는 1464년 효령대군 이보에 의해 세워진 양주 회암사지 사리탑만이 터만 남은 대지 위를 굳건히 지켜왔다. <양주 회암사지 사리탑> 특별전시는 2021년 6월 보물로 승격 지정된 양주 회암사지 사리탑에 주목하여 보물승격의 가치를 확인할 수 있다.

2022

유네스코 세계유산 잠정목록 선정 기념전시 [양주 회암사지, 세계유산을 꿈꾸다]

2022년 5월 20일(금) ~ 10월 3일(일)

우리나라는 지금까지 15건의 세계유산 등재를 통해 국내 문화, 자연의 유산적 가치를 세계적으로 인정 받았다. 2022년 1월, 양주시를 대표하는 역사 유적인 양주 회암사지가 마침내 세계유산 등재에 도전할 수 있는 잠정목록에 선정되어, 이를 기념하기 위해 양주 회암사지의 가치와 선정과정을 공유하는 전시를 마련하였다.

박물관 개관 10주년 기념 특별전시 [회암사지 그리고 양주]

2022년 10월 20일(목) ~ 2023년 3월 26일(일)

2012년 10월, 회암사지박물관이 양주시의 첫 공립박물관으로 개관하였다. 양주 회암사지에서 출토된 유물들로 가득 채운 회암사지박물관은 대가람 회암사의 문화유산으로서 가치를 오롯이 증명하기 위하여 10년간 다양한 연구와 전시, 교육을 운영하였으며 마침내 '유네스코 세계유산 잠정목록 등재'라는 결실을 거두게 되었다. 또한 양주시의 유일한 공립박물관으로서 양주지역에서 출토된 각종 유물의 보관.관리 및 지역문화의 전시·교육 등 다양한 활동을 통해 지역사회에 대한 자긍심을 고취하였다. 이 전시는 지난 10년간 양주시립회암사지박물관이 걸어온 길과 앞으로의 방향을 소개하는 자리로 마련되었다.

회암사지박물관 특별전시를 구성한 영상들
Clips of the special exhibition

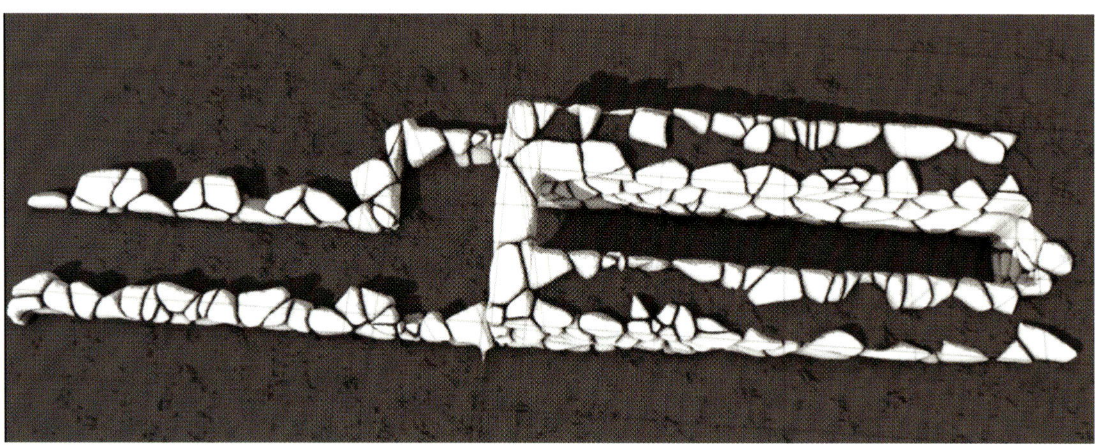

효령대군[孝寧大君] 보[補] (1396–1486)

우리나라 전통 사찰의 뒷간 VR영상
Traditional Toilet in the temple, 2018

2018년 국립민속박물관-양주시립회암사지박물관 공동기획전 <대가람의 뒷간 厠> 개최를 위해 전통사찰 순천 선암사의 뒷간(해우소)을 촬영한 360 VR 영상물이다. 선암사의 뒷간은 전라남도 문화재 자료로 지정되어 있으며, 남자와 여자가 사용하는 칸이 양옆으로 분리되어 있다.

온돌溫突

Ondol: Korean underfloor heating system

방바닥의 열로 추운 겨울을 따뜻하게 지낼 수 있는 난방시설인 온돌은 우리말 '구들'의 한자 표현으로, 예로부터 우리의 삶과 밀접한 관계를 맺어왔다. 추운 산중사찰에서도 온돌은 중요한 난방시설이었는데, 양주 회암사지에서는 38개의 건물터에서 온돌시설이 확인되었다. 이는 우리나라 단일유적 내 최대 규모로, 옛 회암사에 머물던 많은 사람의 겨울나기를 상상해 볼 수 있다.

본 앱은 2019년 특별전시 <온돌 : 회암사의 겨울나기>의 보조자료로, 전시장에서 온돌 구조의 이해를 돕는 용도로 활용되었다.

앱(APP, 안드로이드 전용) 설치 후
위 QR코드를 인식하여 온돌의 원리를 살펴보세요.

2-3 배우고 체험하다

박물관 교육이란 박물관의 소장품과 전시물을 교육의 주제와 소재로 삼아 관람객이 직접 체험하고 이를 바탕으로 학습이 이루어질 수 있도록 하는 것입니다. 박물관 교육의 가장 큰 특징은 실물에 기반하는 학습으로, 이는 전문적인 지식 및 정보와 간접적인 경험을 통해 자아 발견과 자아실현의 기회를 동시에 제공합니다. 즉 박물관 교육은 전시와 소장품을 관람객과 소통하고 상호작용할 수 있도록 하는 박물관만의 고유역할 중 하나입니다.

양주시립회암사지박물관은 개관부터 현재까지 양주 회암사지와 출토유물을 중심으로 역사적 사건과 체험이 융합된 다양한 교육프로그램을 기획·운영하고 있습니다. 특히 그간 박물관에서는 다양한 콘텐츠를 접목한 교육프로그램을 통해 숲과 같은 휴식, 놀이터와 같은 즐거움을 충족시킴으로써 관람객이 "박물관이나 유적지는 지루해"라는 인식을 내려놓을 수 있도록 하였습니다. 앞으로도 양주시립회암사지박물관은 연령별, 주제별, 기간별 다양한 유형의 교육프로그램을 적극 기획·개발하여 시민들이 언제나 떠올릴 수 있는 양주시 역사·문화 중심센터로 자리매김하고자 합니다.

양주시립회암사지박물관 교육, 그간의 흔적

- 2013년 "박물관 어른들의 놀이터"외 8종 프로그램 운영
- 2014년 "와!와! 기와"외 8종 프로그램 운영
- 2015년 "왕가의 문양"외 15종 프로그램 운영
- 2016년 "궁궐의 수호신, 새형잡상이 날아갔어요"외 23종 프로그램 운영
- 2017년 "토수 모래초"외 20종 프로그램 운영
- 2018년 "왕가의 보물을 찾아서"외 21종 프로그램 운영
- 2019년 "역사 쑥쑥, 꿈이 쑥쑥"외 21종 프로그램 운영
- 2020년 "발굴과 과학"외 21종 프로그램 운영
  (※ 코로나19 상황에 따라 비대면 교육프로그램 신규 개발 및 운영)
- 2021년 "박물관 유물에서 향기가 나요"외 28종 운영
  (※ 코로나19 상황에 따라 교육프로그램 일부 비대면 교육으로 전환 운영)

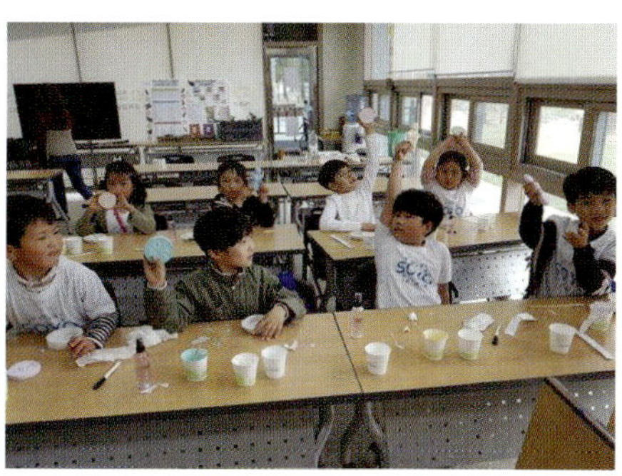

2-4 청사진을 제시하다

2012년 10월, 회암사지박물관은 양주시의 첫 공립박물관으로 개관하여 올해 10주년을 맞이하였습니다. 박물관은 지난 10년간 양주 역사와 회암사지의 문화유산적 가치를 증명하고, 양주 회암사지 유적의 유네스코 세계유산 등재를 추진하며 연구, 전시, 교육, 홍보, 축제 등 다양한 사업을 진행하였습니다. 앞으로 다가올 10년 역시 유네스코 세계유산 등재를 중심 목표로 삼고 더불어 양주와 회암사지의 역사와 기억을 후대에 전승하는 박물관으로 운영해 나갈 것입니다.

또한, 박물관의 남은 과제인 세계유산 등재는 국내·외 많은 절차가 있는 만큼 오랜 시간이 예상됩니다. 앞으로는 더욱 다방면에 걸친 연구와 함께 세계유산 등재를 위한 지역적 공감대 형성이 중요한데, 특히 후자의 경우 지역민들이 스스로 등재 추진 및 보존·관리에 대한 이해를 갖고 적극적으로 참여하는 것이 매우 중요합니다. 즉, 양주 회암사지 유적을 세계유산으로 등재하는 데는 우리들의 관심 하나하나가 큰 원동력이 됩니다.

회암사약사삼존도[보물]는 문정왕후의 기원과 염원이 담긴 불화입니다.
여러분께서도 양주 회암사지 유적의 유네스코 세계유산 등재에 대한
기원과 염원을 불화에 담아주시길 바랍니다.

064
회암사약사삼존도[檜巖寺藥師三尊圖]
Healing Buddha(Bhaissajyaguru) Triad at the Hoeamsa Temple
가로 29.7 세로 54.2 | 1565 | 국립중앙박물관 | 보물

문정왕후는 1562년 중수[重修] 불사[佛事]를 마친 회암사의 낙성식[落成式]에 맞춰 명종[明宗]의 병세 회복과 세자 탄생을 기원하며 석가모니불·미륵불·아미타불·약사불의 화상[畵像]을 각각 금화[金畵]로 50점, 채화[彩畵]로 50점씩 제작하도록 하였다. 이 불화는 문정왕후의 발원으로 조성된 회암사의 불화 400점 중 현재 전하는 6점 중 하나이자 국내에 유일하게 남아있는 것이다. 대좌 앞에 시립[侍立]한 일광보살(삼족오 보관)과 월광보살(토끼 보관)로 볼 때 약사삼존도로 조성되었음을 알 수 있다. 안면과 육신부, 머리카락만 채색하고 모두 금니 선묘로 그린 금화로 조선 중기 왕실 발원 불화의 우수한 수준을 보여준다.

박물관 10년의 기억 영상 | 신성환

회암사지박물관

전시전경

박물관 개관 10주년 기념 특별전시
회암사지
그리고
양주
Archaeological Site of Hoeamsa Buddhist Temple and Yangju
2022.10.20.(목)
2023.03.26.(일)
양주시립회암사지박물관 기획전시실
Yangju 양주시
양주시립회암사지박물관
기획전시실
special exhibition hall

Part 1
1
대가람, 빛을 되찾다
Daegaram(The Great Temple), Regain the Light

1-1
국가지정문화재 사적
문화재 지정제도는 보존 가치가 높은 문화재를 엄격한 규제를 통하여 항구적으로 보존하고자 하는 제도로, 국가지정문화재와 시 · 도지정문화재로 나누어집니다. 여기서 국가지정문화재는 국보 · 보물 · 사적 · 명승 · 천연기념물 · 국가무형문화재 · 국가민속문화재 등 7개 유형으로 구분되며, 문화재청장이 문화재보호법(제23-26조)에 따라 문화재위원회의 심의를 거쳐 지정하는 중요문화재입니다. 우리나라의 대표적 국가지정문화재 사적인 양주 회암사지 유적(1964년 6월 10일 지정)은 현재 양주시에 의해 보호 · 관리되고 있습니다.
지정문화재 분류표
문화재보호구역이란
양주 회암사지 문화재보호구역
1-2
전체 배치도
공장이 였던 자리, 박물관으로

대가람, 양주를 품다
Part 1
양주시, 회암사지 박물관 개관준비 박차
남측
서측

2
대가람, 양주를 품다
Part 2
Daegaram(The Great Temple) Embraces Yangju City
2005-2011
2017
2012
2018
눈으로만 보세요.

2-1
연구하고 수집하다
박물관 소장유물 현황 (2022년 현재)

양주 전역에서 출토된 국가귀속자료

2014
2015
2016
2017
2018
마루장식기와
Museum

온돌
Ondol :
Korean underfloor heating system

2-4
청사진을 제시하다

도판목록

1부 대가람, 빛을 되찾다

001
태고사 원증국사탑에 새겨진 글씨 탑본太古寺圓證國師塔碑銘搨本
Rubbing of the Stele for Royal Master Won-jeung
가로 115.2 세로 223.5 | 일제강점기 | 국립중앙박물관

002
청동금탁青銅琴鐸
Bronze Bell with Inscriptions
높이 31.7 지름 30.7 | 1394 | 국립중앙박물관

003
청동금탁부속青銅琴鐸附屬
Attachment for Bronze Bell
길이 15.5 | 1394

004
양주 회암사지 발굴자료관에서 사용한 물품
Tools used at the old museum | 현대

2부 대가람, 양주를 품다

005
태조어진太祖御眞
Portrait of King Taejo of Joseon
가로 150 세로 218 | 현대 | 어진박물관 | 복제

006
「석씨원류 권4」釋氏源流 卷四
Seokssiwonryu
School of Seok Clan
가로 23.0 세로 36.5 | 조선 | 2021년 구입

007
「묘법연화경」妙法蓮華經
Myobeop Yeonhwagyeong
Saddharmapundarika Sutra(The Lotus Sutra)
가로 20.0 세로 31.5 | 조선 | 2018년 구입

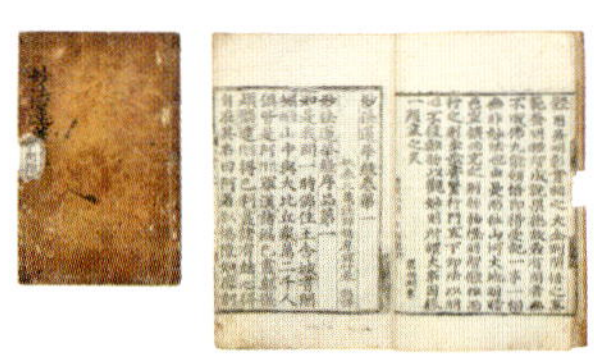

008
「육조대사법보단경」六祖大師法寶檀經
Yukjodaesa beopbodangyeong
Sixth Patriarch of Chinese Zen Buddhism
가로 20 세로 28.4 | 고려 | 2022년 구입

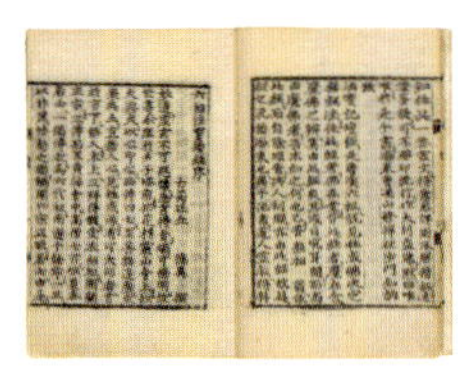

009
「목은집」牧隱集
Mogeun jip
Collected Works of Yi Saek
가로 18.5 세로 28.5 | 조선 | 2017년 구입

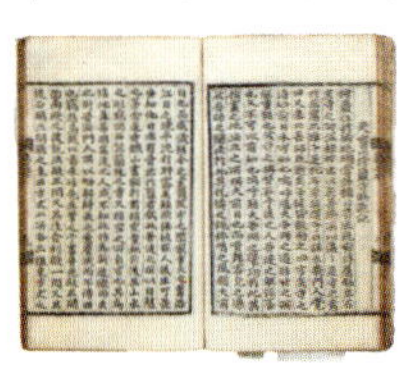

010
선각왕사비 탁본禪覺王師碑拓本
Rubbing of the Stele for Royal Master Seon-gak
가로 120 세로 265 | 현대 | 2012년 정승남 기증

011
'회암사'가 새겨진 청동접시檜岩寺銘靑銅接匙
Bronze dish with Inscription "檜岩寺"
지름 13.9 높이 3.4 | 여말선초 | 2014년 주영숙 기증

012
단경호
길이 20.7 폭 12 두께 20 | 삼국 | 국가귀속유물(율정동-1)

013
백자장군
길이(현) 4.7 | 조선 | 국가귀속유물(관아지5차-25)

014
분청상감문병
길이(현) 14.7 두께(복원) 11.0 | 조선
| 국가귀속유물(관아지5차-69)

015
백자동체부
길이(현) 5.4 | 조선 | 국가귀속유물(관아지5차-81)

016
근대백자 뚜껑
길이(현) 1.5 폭 6.0 | 조선 | 국가귀속유물(관아지5차-82)

017
분청인화국화문종자
길이 3.8 폭 10.1 두께 4.5 | 조선
| 국가귀속유물(관아지5차-97)

018
분청인화국화문접시
길이 3.0 폭(복원) 12.1 두께 4.1 | 조선
| 국가귀속유물(관아지5차-149)

019
무개고배
길이 7.4 폭 10 | 삼국 | 국가귀속유물(독바위1차-9)

020
구슬
길이 2 폭 2 투공 지름 0.2~0.45 | 조선
| 국가귀속유물(연동-1)

021
구슬
길이 1.7 폭 2 투공 지름 0.3~0.5 | 조선
| 국가귀속유물(연동-2)

022
구슬
길이 0.5~1.4 폭 0.3~1.3
투공 지름 0.3~0.6 | 조선 | 국가귀속유물(연동-11)

023
백자명기 뚜껑
길이 2.6 폭 3.6 두께 0.4~0.6 | 조선
| 국가귀속유물(만송동-100)

024
백자명기 받침
길이 1.1 폭 5 두께 2.9 | 조선 | 국가귀속유물(만송동-105)

025
백자명기 병
길이 5.4 폭 2.4 두께 3.2 | 조선
| 국가귀속유물(만송동-101)

026
백자명기 잔
길이 2 폭 5.3 두께 3.5 | 조선
| 국가귀속유물(만송동-103)

027
백자명기 잔
길이 1.9 폭 6 두께 3.1 | 조선
| 국가귀속유물(만송동-104)

028
백자명기 발
길이 3.3 폭 3 두께 2.6 | 조선 | 국가귀속유물(만송동-102)

029
암키와편
길이(잔존) 13.0 폭(잔존) 14.5 두께 1.5 | 조선
| 국가귀속유물(송추-36)

030
백자저부편
길이(잔존) 3.9 두께(추정) 6.4 | 조선
| 국가귀속유물(송추-9)

031
백자철화초문동체부편
길이(잔존) 4.8 | 조선 | 국가귀속유물(송추-16)

032
백자접시
길이 4.1 폭 14.2 두께 5 | 조선 | 국가귀속유물(광사동-15)

033
도기 소호
길이 12.8 폭 10.2 두께 6.1 | 조선 | 국가귀속유물(광사동-4)

034
토기 소호
길이 6.5 폭 6.7 두께 4.5 | 조선 | 국가귀속유물(광사동-21)

035
청동숟가락
길이 19 폭 3.3 두께 0.2 | 조선 | 국가귀속유물(광사동-3)

036
청동숟가락
길이 20.5 폭 0.5~3.3 두께 0.1~0.2 | 조선
| 국가귀속유물(광사동-17)

037
청동숟가락
길이 24 폭 0.6~3.0 두께 0.2 | 조선 | 국가귀속유물(광사동-9)

038
송추야유회 기념사진
Portrait
가로 15 세로 11 | 1965 | 2022년 구입

039
사진(송추야유회)
Portrait
가로 15.0 세로 11.0 | 1962 | 2019년 구입

040
양주 소놀이굿 모습이 실린 복권
Lottery Tickets of Yangju Sonorigut
가로 13 세로 7 | 1976~1977 | 2022년 구입

041
양주군 가옥조사필 표찰
Label of housing census of Yangju
가로 6 세로 4 | 현대 | 2022년 구입

042
양주군, 의정부시 홍보 담배
Cigarette
가로 5.5 세로 9 | 1990년대 | 2022년 구입

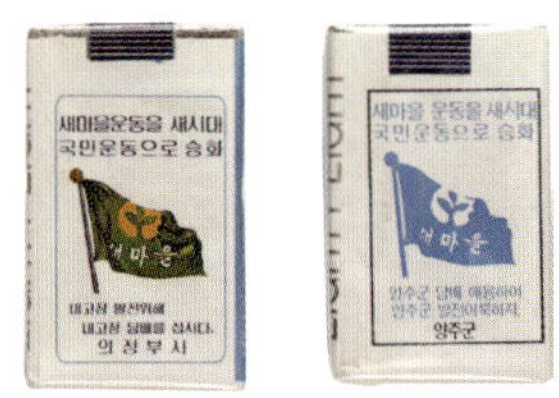

043
양주 회암서재 상촌마을 사진
Portrait of Yangju
가로 11.0 세로 7.5 | 일제강점기 | 2019년 구입

044
양주 관광 기념 도장을 찍은 엽서
Printed Postcards with tour stamps
가로 최대 22 세로 10 | 1978 | 2022년 구입

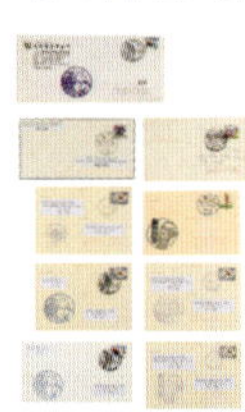

045
양주 별산대 놀이 관련 자료
Papers of Yangju Byeolsandae Nori
가로 최대 16 세로 22 | 현대 | 2022년 구입

046
양주군문서 매도증서[賣渡證書]와 차용금증서[借用金證書]
Official document of Yangju
가로 19.0 세로 26.0 | 1950-60년대 | 2019년 구입

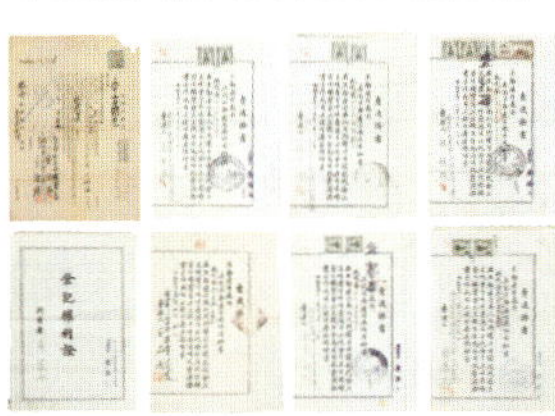

047
양주 열차승차권
Ticket
가로 최대 13 세로 6 | 현대 | 2022년 구입

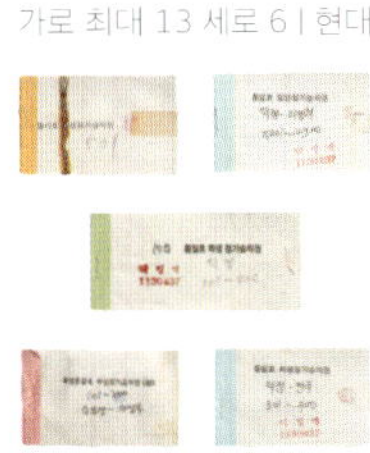

048
홍태윤 대한제국기 상패증장[洪泰潤 大韓帝國期 賞牌證狀]
Certificate of medal
가로 31.0 세로 25.0 | 1907 | 2020년 구입

049
제2대 총선거 양주을구 국회의원 입후보자 김종규 선거공보
Official report of election
가로 25.0 세로 17.0 | 1950 | 2019년 구입

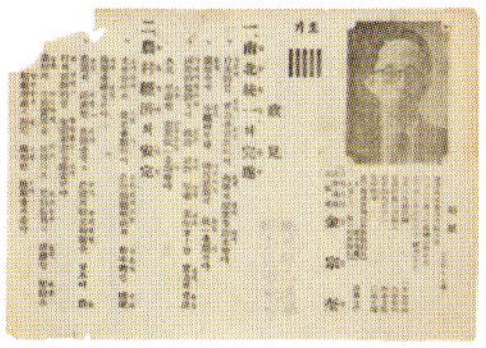

050
호적등본戶籍謄本
Family Relations
가로 19.0 세로 26.0 | 2019년 구입

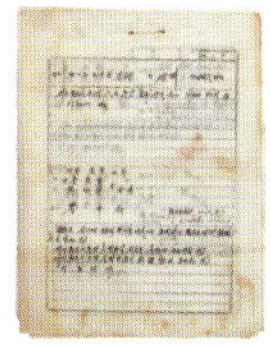

051
교외선 증기기관차열차 기념승차권
Ticket
가로 7 세로 4 | 현대 | 2022년 구입

052
양주 경원선 열차승차권
Ticket
가로 5.5 세로 3 | 1996~1997 | 2022년 구입

053
내시부 상선 신석조 비문內侍府 尙膳 辛錫祚 碑文
Epitaph
가로 20.5 세로 39.8 | 1739 | 2020년 구입

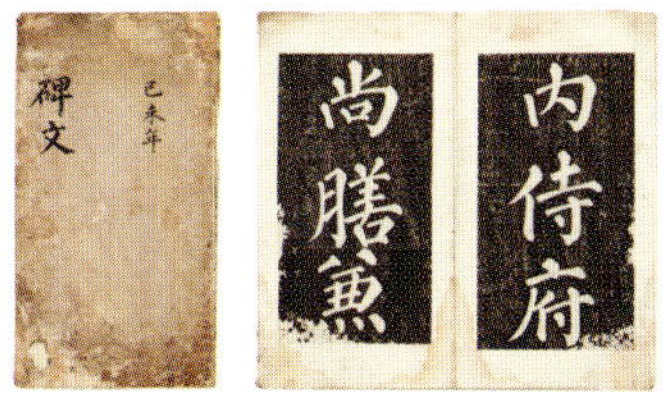

054
『남창선생문집』南窓先生文集
Collection of works
가로 20.0 세로 29.0 | 조선 | 2017년 구입

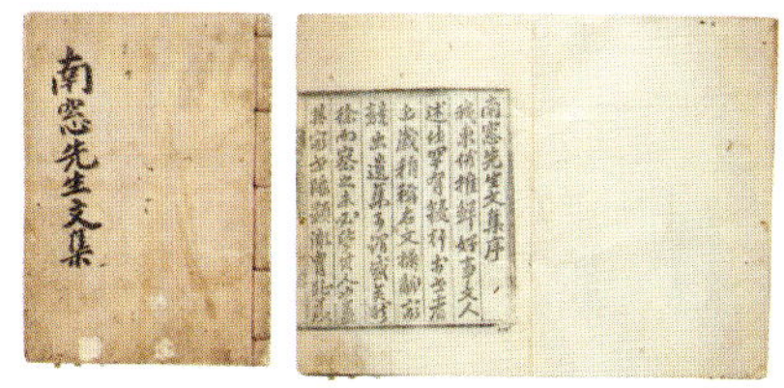

055
양주군지 육필원고楊州郡誌肉筆原稿
Handwritten manuscripts
가로 26.0 세로 19.0 | 1978 | 2019년 구입

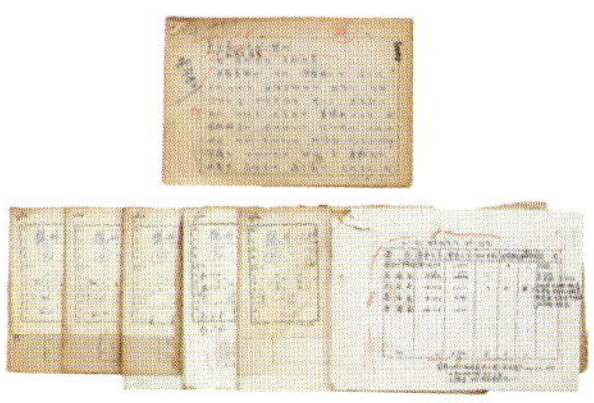

056
「여지도」輿地圖
Map
가로 19.2 세로 30.5 | 조선 | 2017년 구입

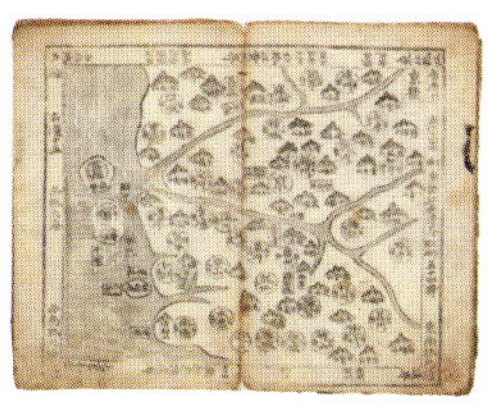

057
「신증동국여지승람」新增東國輿地勝覽
Geography Book of Joseon
가로 21.7 세로 33.0 | 1530 | 2017년 구입

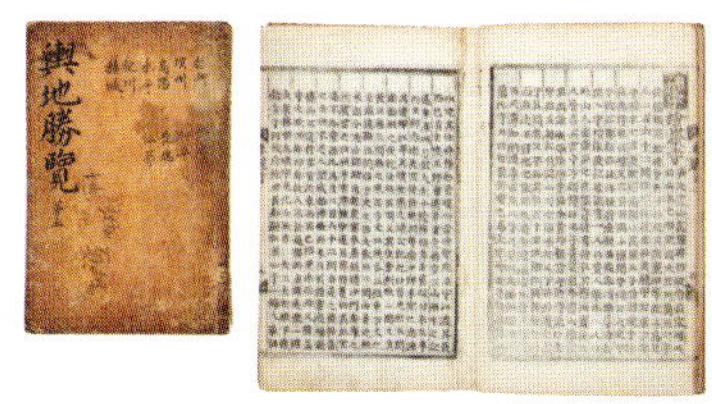

058
양주 지형도楊州地形圖
Topographical map of Yangju
가로 46.0 세로 58.0 | 일제강점기 | 2017년 구입

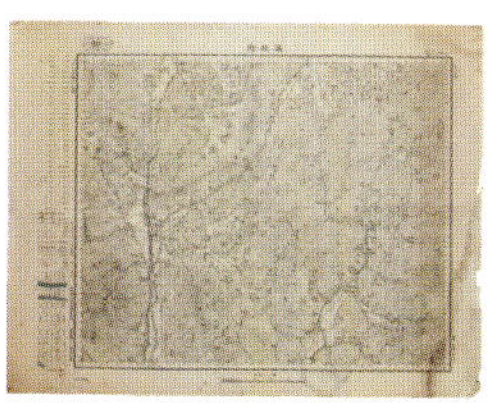

059
양주군 지도楊州郡 地圖
Map of Yangju
가로 50.0 세로 64.0 | 일제강점기 | 2018년 구입

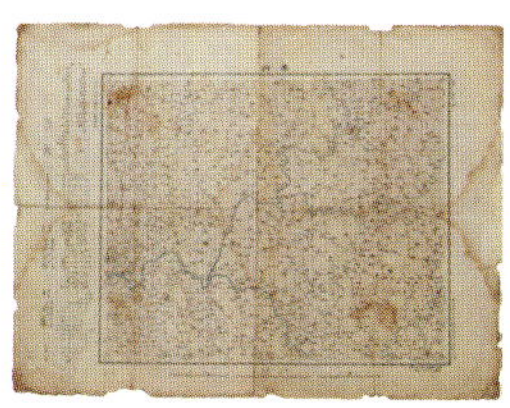

060
조선도별현세지도朝鮮道別現勢地圖
Map of each Province of Joseon
가로 75.0 세로 55.0 | 일제강점기 | 2019년 구입

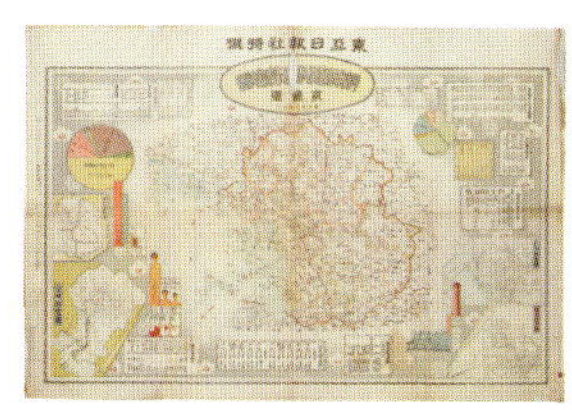

061
조선교통전도朝鮮交通全圖
Cartographic material
가로 78.0 세로 108.0 | 일제강점기 | 2021년 구입

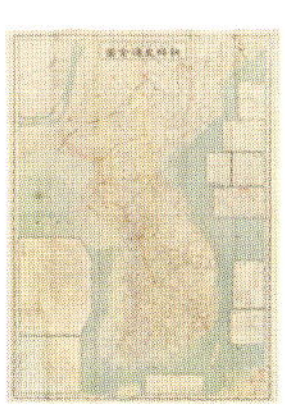

062
「지도첩」地圖帖
Atlas
가로 35.0 세로 36.0 | 조선 | 2017년 구입

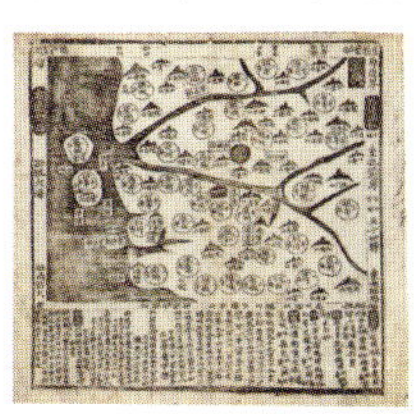

063
경기도관내제학교분포도京畿道官內諸學校分布圖
Distribution map of school in Gyeonggi Province
가로 52.0 세로 55.0 | 일제강점기 | 2018년 구입

064
회암사약사삼존도檜巖寺藥師三尊圖
Healing Buddha (Bhaissajyaguru) Triad at the Hoeamsa Temple
가로 29.7 세로 54.2 | 1565 | 국립중앙박물관 | 보물

박물관 개관 10주년 기념 특별전시

Commemorative Exhibition
for the 10th Anniversary of Museum

회암사지

그리고

양주

Archaeological Site of
Hoeamsa Buddhist Temple
and Yangju

발행일
2022년 10월 20일

펴낸곳
양주시립회암사지박물관
(11464) 경기도 양주시 회암사길 11
Tel. 031)8082-4187
http://www.yangju.go.kr/museum

제작
드림북

디자인
민다슬

발간등록번호
71-5590000-000089-01

ISBN
979-11-90614-47-4

정가
15,000원

Yangju 양주시
양주시립회암사지박물관